［美］约翰·温斯莱德
John M. Winslade
［新西兰］迈克·威廉姆斯
Michael Williams ——— 著

校园冲突应对指南
叙事治疗实践

宋春蕾 ——— 译
李 明 ——— 审校

全国百佳图书出版单位
时代出版传媒股份有限公司
安徽人民出版社

图书在版编目(CIP)数据

校园冲突应对指南:叙事治疗实践/(美)约翰·温斯莱德(John M. Winslade),(新西兰)迈克·威廉姆斯(Michael Williams)著;宋春蕾译.—合肥:安徽人民出版社,2021.7
ISBN 978-7-212-10859-5

Ⅰ.①校… Ⅱ.①约… ②迈… ③宋… Ⅲ.①校园—暴力行为—研究 Ⅳ.①G474

中国版本图书馆CIP数据核字(2020)第044077号

John Winslade, Michael Williams. Safe and Peaceful Schools: Addressing Conflict and Eliminating Violence

Copyright © 2012 by Corwin Press, Inc. All rights reserved.

本书中文简体字翻译版由美国Corwin出版社授权安徽人民出版社在中华人民共和国境内(不包括香港、澳门特别行政区及台湾地区)独家出版发行。

本书版权登记号:图字12171759

校园冲突应对指南:叙事治疗实践
Xiaoyuan Chongtu Yingdui Zhinan: Xushi Zhiliao Shijian

[美]约翰·温斯莱德　　　[新西兰]迈克·威廉姆斯　　　著
宋春蕾　　译　　　李明　　审校

出 版 人:陈宝红	责任印制:董 亮	责任校对:张 旻
责任编辑:程 璇 郑世彦	装帧设计:宋文岚	

出版发行:时代出版传媒股份有限公司　http://www.press-mart.com
　　　　　安徽人民出版社　http://www.ahpeople.com
地　　址:合肥市政务文化新区翡翠路1118号出版传媒广场八楼
邮　　编:230071
电　　话:0551-63533258　0551-63533292(传真)
印　　制:安徽省瑞隆印务有限公司

开本:710mm×1010mm　1/16　　印张:16　　字数:220千
版次:2021年7月第1版　　2021年7月第1次印刷

ISBN 978-7-212-10859-5　　　　　　　　　　定价:48.00元

版权所有,侵权必究

本书赞誉

学校究竟如何有效解决各种冲突与欺凌问题,仍然缺少深入系统的理论研究和切实可行的操作方法。在这个背景下,宋春蕾博士翻译的这本《校园冲突应对指南:叙事治疗实践》可谓正当其时。

——朱永新,新教育实验发起人
国家全民阅读形象代言人

本书从叙事角度提供了一个理解和干预校园冲突的全新视角。教育主管部门领导、学校管理者、一线教师、家长,甚至同样担负着未成年保护责任的社区工作者,都会从本书中得到深刻的启发和具体的指导。

——李明,北京林业大学心理系副教授
被誉为"中国叙事疗法奠基人"

专业人士正在寻求可行的替代方案,以应对破坏校园环境的无礼和欺凌行为。对此,他们可以立即采用本书所提供的循序渐进的策略,这些策略属于一个强大而系统的框架。

——杰拉尔德·蒙克(Gerald Monk),美国圣地亚哥州立大学教授
曾与约翰·温斯莱德合著《学校叙事调解与叙事咨询》

本书中的恢复性司法方法是独特的和强大的,它为学生们提供了机会在

一个包容而不是孤立的环境中处理和解决问题。

——翠西·哈奇(Trish Hatch)，美国圣地亚哥州立大学副教授
《美国学校咨询协会国家模式》的合著者

相对于粗糙生硬的"零容忍"政策，本书是一个更受欢迎的选择。它为读者提供了一个素材宝库，既有理论研究，又有案例说明。

——戴维·帕雷(David Paré)，加拿大渥太华大学教育学院教员
格勒贝研究所(建设性和合作性实践中心)所长

本书作者采用了我所见过的最优雅、最感人和最成功的方法来解决许多人认为难以解决的问题。我可以保证，仅仅是"反欺凌秘密团队"，就值了这本书的价钱。

——大卫·艾普斯顿(David Epston)，叙事疗法创始人之一
《故事、知识、权力：叙事治疗的力量》的合著者

本书呈现了最全面的、非惩罚性的解决学校冲突的方法！作为一名学校社会工作者和叙事治疗师，我很感激约翰·温斯莱德和迈克·威廉姆斯写了这本实践性超强的书，它适合任何一个学校工作者，并且能鼓舞他们。

——袁安琪(Angel Yuen)
加拿大多伦多地区教育委员会学校社工

有些人可能提出异议，认为教学生应对冲突不是学校的职责。然而，21世纪的学习者将在一个需要全球协作的环境中工作，他们需要认识到每一种社会情境的复杂性。我要把这本书推荐给学校管理者、咨询师，以及那些期望建立和平、公正、尊重人性的关系的人。

——杰伊·菲纳(Jay Fiene)
美国加州州立大学圣伯纳迪诺分校教育学院院长

推 荐 序
让教育沐浴人性的光辉

近年来,校园欺凌和暴力事件频发,随着电影《少年的你》的热播,更是引起了社会各界的普遍关注。

2017年,教育部等十一部门印发了《加强中小学生欺凌综合治理方案》,强调了"教育为先、预防为主、保护为要、法治为基"的原则,全国各地也陆续出台了治理校园欺凌和暴力的相关政策文件。同时,学术界也围绕"校园欺凌"的主题展开了讨论,一致呼吁构建一个多主体、跨学科、多渠道的多元化反欺凌综合防治体系。

鉴于学校在反欺凌中的特殊角色,也由于校园欺凌在法律制裁方面的复杂性,我国和其他一些国家都主张,在遵循法律政策的前提下,欺凌事件的处理应该以学校为主,允许学校对校园欺凌的发现、通报和处置具有一定的自主权。同时,鼓励学校开拓和推行适当的教育项目来预防校园欺凌。但是,学校究竟如何有效解决各种冲突与欺凌问题,仍然缺少深入系统的理论研究和切实可行的操作方法。

在这个背景下,宋春蕾博士翻译的这本《校园冲突应对指南:叙事治疗实践》可谓正当其时。首先,这本书不是把冲突视为洪水猛兽,而是视为校园中不可避免的正常现象。因为它体现了来自学生和老师的不同的声音,学校教育应该了解和尊重这些差异。同时,它认为冲突可能会引起暴力,而单纯对校园暴力采取"零容忍"的政策,也忽视了青少年发展性的一面,还有可能导致更多的不良行为。所以,学校需要提供机会,让师生系统地学习建设性解决冲突的课程,正确认识冲突,这才是从根本上解决校园冲突和暴力的有效途径。

其次,本书以叙事实践哲学为基础,提供了一系列"用尊重的方式"处理不同类型校园冲突的基本原则。尊重,意味着尊重当地文化、尊重教育情境、尊重人性的发展。遵循尊重的原则,既可以建设性地解决一些突发的校园冲突和违纪事件,又可以让教师和学生都能学会运用这些策略处理分歧,尽可能地与冲突各方和平共处,预防一般的冲突转化为暴力。

再次,本书详细介绍了解决校园冲突和暴力的主要方法,包括咨询、调解、同伴调解、恢复性会议、恢复性对话、圆圈对话、反欺凌秘密团队、辅导课程、直面暴力团体,等等,每一种方法都很有针对性,操作性也很强。当然,作者也明确指出,没有一种万应药能包治各种校园暴力,因此,本书倡导根据不同的情境选择最合适的方法。这些方法的独特之处在于,它们来自一个新的视角——叙事实践哲学。它的理论假设主要有三点:其一,在社会文化语境或关系中寻找暴力的起源,而不是将其归咎于人的本性;其二,通过青少年在社会领域掌控中的身份感和归属感来理解校园暴力的来源。其三,认为社会支配和权力过程形成了标准化判断和刻板印象,一些学生因此被社会排斥和边缘化,疏离了学校的目标,由此促成了冲突和暴力的发生。这些假设更有利于人们看到改变的可能,也为解决冲突指明了方向,即教育要为发展民主搭脚手架,让学生回到社会关系网络中,学习包容差异,化解冲突,而不是被排斥到社会之外。

最后,本书采用了叙事对话和恢复性调解的技术,凸显了以学生为中心的特征,体现了一种教育民主精神。虽然这些方法来自新西兰和美国的学校实践,但完全可以经过调整使之适应我国的教育环境。例如,如果教师学会"外化对话",就能把人和问题分开,从而减少学生的抵触心理;如果学会"双重倾听",就能不仅听到学生在冲突发生时的痛苦,还能听到学生对和平和尊重的愿望;如果学会让学生"描述问题的影响",就能更好地让学生看到冲突给自己和别人带来的伤害,诱发改变的动机;如果学会"解构",就能看到冲突背后的意义和文化因素;如果有意识地"发展相反故事",就能开启指向和平的价值观和责任感。

30多年前,我曾经在苏州大学建立了心理咨询中心,并且出版了《学校心理咨询》一书,深知社会氛围、学校环境对学生身心发展的影响,也深知学生心理问题对于学生人生发展的影响。校园的问题不是孤立的,需要我们像本书作者提出的那样,用更加开放多元、更加人性化的方法去对待。只有让校园沐浴人性的光辉,只有善待学生,尊重学生的人格,把学生作为一个真正独立的个体看待,我们才能真正地处理好校园冲突和暴力的问题。同时,我们要努力把教育的温暖传递给社会,让人与人之间更和谐,让全社会变得更美好、更温暖。正如本书中所说:"我们将以尊重的方式应对校园发生的冲突,即解决问题,减少暴力,修复因此发生的伤害,形成一种包容的、不依赖重罚的风气。"这就是一种充满人性的教育。期待广大教育工作者,尤其是学校心理咨询工作者,都能像书中所说的那样去实践,去探索。

朱永新

2021年1月于北京滴石斋

译者序
奇妙的心灵之旅

《校园冲突应对指南:叙事治疗实践》是一本叙事实践导向的书,却适合所有关心教育的读者学习和应用。本书作者之一约翰·温斯莱德博士所著的《学校里的叙事治疗》在国内同行中很受欢迎,相信这本书也会让大家如获至宝。

过去的5年来,我有幸跟随很多位来自中国大陆与台湾地区、美国、澳大利亚、英国的老师学习和实践叙事治疗。2017年,我去美国加州州立大学圣伯纳迪诺分校访学,参加温斯莱德博士主持的叙事实践导向的心理咨询项目。这次学习历程是一次奇妙的心灵之旅,这本书的翻译过程也是对我以往学习的提升。

在心理学的学习历程中,我最大的感受就是,叙事有一种魔力,让我越学越爱!我曾想,要是我们的学生对学习都是这样的情感,何须老师和家长强加压力呢!我觉得主要原因就是叙事的理念和方法不会让你背负自责和羞愧前行,而是让你从内心深处愿意去积极努力;叙事的好处还在于它不是局限在治疗室里,而是随时可以在生活和工作中应用,本书作者用"叙事实践"来表述,正是要强调它的实践性。

相对于学习具体的理念和方法,教师的模范作用更容易深入人心。我无数次感受到温斯莱德博士在与学生相处、在工作和生活上表现的叙事精神。说实话,千里迢迢去美国访学并不是一件很轻松的事,在语言、环境、生活、人际交往等方面有诸多不便。然而,每当我打开翻译稿文档时,涌上心头的是一幕幕温暖的场景。温斯莱德博士无私地帮助我,使我能克服困难完成访学的申请;他费心地给我安排独立的办公室,把我介绍给他的学术团队,让我参加所有的学术、教研、教学和学生活动。因为担心安全,每次晚上的课程结束后,他坚持让家人开车送我到公寓门口;更重要的是,他没有一次对我的语言表达流露出异样的表情,使我能放松地跟他交流,和同学们讨论。他尽量准确地称呼我的中文名,他能记住我的想法并多次用我的原话来表述,他能叫出班上每个同学的名字,他经常诙谐地和班上不同肤色的同学交谈,同学们都称他为超赞的教授。我想,这就是叙事精神的魔力,即贴近求助者的脉络,或者说是尊重,这些精神在日常的教育和生活中发挥着效用。

这本书的初稿是在加州访学结束前完成的,我每天除了参加学习活动,偶尔去见见一起访学的国内学者和当地的朋友,其他时间都是与这本书为伴。这是一段看似单调又辛苦的日子,却是很充实和开心的感觉。心理咨询项目的学员都是研究生、中小学的学校心理咨询师和教师。通过不同课程的学习和交流,通过视频观摩、现场示范和角色练习,我体验了书中几乎所有的方法。我也在一些学术和教研活动中听到学区教育局心理教研员和学校咨询师分享他们的实践。我看到了叙事治疗的方法在个体咨询、家庭治疗、哀伤辅导和冲突调解等方面的效果,这样的学习和我的翻译是相互促进的。温斯莱德博士每周安排一个半天对我的学习和翻译进行答疑。很多次,他故作歉意地说:"很抱歉我用了这么复杂的语句,给你的翻译增加了难度。"每当我在翻译中遇到困惑时,就想起他说这句话的表情,顿时忘记了烦恼,不由自主笑出声来。把重要的事用轻松有趣的方式表达出来,这是叙事的表达方式,是一种贴近人心的方式，对儿童和青少年尤其有效，相信成年人也很愿意接受。这不仅仅是语言的魅力，更是一种理念，是对多样性和复杂性的接纳和包容。

我多次问自己，叙事实践到底有什么魔力，让它对看似很难的冲突处理有积极的效果？我觉得最大的影响力就是它的包容性。叙事的精神博大精深，方法也多种多样，它并不强调独门秘籍，这就提供了无限的可能。每一步的问话方式都有利于继续讨论，而不是把话谈死，用书里的话来说，就是给冲突双方"保留面子"。要怀着好奇心去倾听和询问，就问题本身去讨论，而不是给人贴上问题的标签；谈论的是冲突故事，而不是一系列抽象的结论；要倾听人们在冲突中最好的意图，而不是先有坏的假设，然后再对它做出反应；把学生当作有胜任力的道德主体，而不是在人格上有缺陷；探究冲突带来的影响，而不是追究冲突的原因，因为探究原因容易产生自我防御，引起不合理的归因，这些对解决问题无益。类似的谈话能让人放下抵抗，吐露心声。叙事的精神和对话方式让我的生活和工作受益很多，每次看到求助者郁闷的脸上渐渐露出笑容时，我不由感叹叙事对话的力量。这就是一种"有品质的陪伴"，要求我们保持专业性而非专家性，以谦卑、好奇的姿态倾听求助者的故事，向他们的本土经验学习，向文化学习，利用好关系和各种资源，这些都是我在以后的生活和工作中要继续努力的方向。

本书的另一位作者迈克·威廉姆斯是新西兰埃济沃特学校的心理咨询师，书中绝大部分案例都是来自他和他的同事们的工作实践。很遗憾我还没有机会见到他。看到书里的这些案例，我不由得为之赞叹，仿佛亲历现场参加他和学生们的这些对话活动。在加州时，一位已经回国的日本访问学者绫城初穗（Ayashiro Hatsuho）博士来美国看望温斯莱德博士，他带来了他翻译的这本书的日文版。我们交流了很多，他当时的计划是尽快去新西兰看望迈克，他想亲临当地的学校体验这些方法。很感谢他向我分享了翻译这本书要注意的一些关键问题，希望我们能在叙事实践的道路上互相促进。

本书的翻译得到了我的老师朱永新先生的支持,在此向他表示深深的敬意和感谢!我还要感谢李明博士对我的鼓励和对本书的审校。很感谢关心这本书的同行和朋友,你们的期待给了我很大的动力。感谢我的家人对我的陪伴,特别是我的女儿周璟,她是我在翻译中的好帮手。我还要特地感谢安徽人民出版社的郑世彦编辑,这本书的出版得益于他的倾力帮助。也感谢参加本书出版的所有工作人员付出的努力。本书的翻译力求忠实原著,可能在中文表达上有不理想之处,希望不影响大家对叙事实践的理解。

在最后一次讨论书稿时,我跟温斯莱德博士说:"真高兴!您的书翻译好了。"他说:"这也是你的书,是我们的书,是大家的书。"他曾告诉我,让全世界都知道叙事实践是一件很有意义的事。他在书中也说:"正在寻找机会与愿意认真实施该计划的学校合作,要证实做这些有价值。"因此,我也衷心希望有更多的学校和工作者了解叙事,投身到应对校园冲突的叙事实践中。

宋春蕾

2021 年 3 月于苏州

目 录

前 言	001
第一章　理解校园冲突	008
第二章　叙事的观点	025
第三章　咨询	045
第四章　调解	066
第五章　同伴调解	081
第六章　恢复性会议	105
第七章　恢复性实践	126
第八章　圆圈对话	141
第九章　反欺凌秘密团队	156
第十章　辅导课程	180
第十一章　"直面暴力"团体	199
第十二章　总讨论	224
参考文献	237

前 言

本书目的

这本书的出版源于我们对使用特殊方法解决校园冲突的共同兴趣。我们从事调解工作,促成恢复性会议,为个体提供咨询和冲突辅导。我们发展了反欺凌秘密团队的方法,领导团队致力于消除校园暴力。但据我们所知,这一切都还没有被整合到一个全面系统的项目中。

如果一所学校有这样的理念:"我们将以尊重的方式应对发生在校园里的冲突,即解决问题,减少暴力,修复因此发生的伤害,形成一种包容的、不依赖惩罚的风气",那么它将会是怎样的风貌?我们感兴趣的是,需要什么样的过程,才能使学校里的人际关系成为大家关注的焦点。

在冲突应对方面,我们要详细阐述一个我们自己的观点。它来源于最初的"叙事调解"(narrative mediation,Winslade & Monk,2000,2008),但后来转变成一系列的冲突解决方案,已经超出了所谓调解的界限。它借鉴了一套强有力的理念,涉及很多流派,例如后结构主义、社会建构主义、后现代主义等,不过我们要提醒大家,我们并不赞同这些概念的每一种表达。在本书中,我们通过一系列案例呈现了叙事治疗和社群工作的实践。我们之前从来没有把这些实践整合到一起,本书在这方面做了一个尝试。

我们希望满足学校领导者的需求,他们想创造一种能够有效管理冲突的校园风气。所谓"管理",指的是尊重而不是受制于上述所有理念和方法。我们还设想了一个拥有学校咨询师和心理学家双重身份的读者,使他或她能熟练实施本书中概述的各项策略。双重职业身份的读者反映了一种信念,即我们需要兼顾政策和实践、设计方案和具体操作。在本书中,我们常把读者带进具体的对话场景中。我们意识到,这些细节并非都有必要让学校领导者掌握,但是,我们要让他们理解这些实践是如何运作的,使他们能够支持学校咨询师和心理学家去实施。在校园冲突管理系统的策划和建设中,我们还希望同一学校的咨询师和心理学家能共同发挥作用,而不是把所有这些决策和政策设计都留给学校领导者。在美国,我们相信美国学校咨询协会(ASCA)和"干预反应法"(RTI)的实践模式与我们在此概述的综合方法是一致的。

我们经常把学校咨询师看作熟练的从业者,他们将进行这些实践。然而,一些学校咨询师有专业知识,却没有去做这项工作。具体实践者通常是学校心理学家,有时是社会工作者,或者是青少年工作者。还有很多教师有兴趣也有能力从事本书中概述的一些实践。不同的地方有不同的相关职业名称,例如,美国称"学生管理专家",新西兰称"学习与行为资源教师",欧洲的部分地区称"教育者"。我们不是在吹毛求疵"谁做什么",我们把这些想法整合成一个综合的、理论上一致的系统,以鼓励学校管理者和教育专业人员做一些不同的尝试。

我们经常听说学校咨询师仅仅参与课程安排,没有接受做咨询或冲突应对的训练,我们感觉到这是专业工作质量不高的借口。我们想要提供工具给那些以高水平专业实践为目标的人,学校领导者应该对学校咨询师寄予更高的期待。

有些令人信服的研究支持学校里的恢复性实践、各种背景下(包括学校)的调解实践、愤怒管理小组、反欺凌秘密团队、咨询，等等。但是，将这些方法整合到一个计划中的想法还处于初始阶段，我们正在寻找机会与愿意认真实施这一想法的学校合作。要通过研究证实这些做法有价值，首先必须进一步发展这些理念的实践，这是一本关于实践的书。

本书写作背景

本书的两位作者初次见面时，迈克(Mike)正在新西兰怀卡托大学(University of Waikato)攻读教育学硕士学位。约翰(John)是该校的教师。约翰指导迈克的毕业论文，他鼓励迈克作为学校咨询师在工作中继续运用叙事的理念。机缘巧合，迈克后来就一直在约翰十年前做咨询师的学校工作。

迈克再次联系了约翰，此时，他开始在处理欺凌的工作中发展反欺凌秘密团队的方法。于是，他们一起发表文章介绍这一方法。他们在对话和写作方面的努力也开始聚焦于调解冲突的工作，后来，逐步有了出版一本书倡导一个综合方案的想法。他们俩通过很多邮件、电话和视频交流，参加新西兰的学术年会，最终这本书得以成型。

自2003年起，约翰就一直在加州，但还是经常回新西兰，也去埃济沃特学院(Edgewater College)，迈克还在那里工作。约翰在加州州立大学圣贝纳迪诺分校(California States University, San Bernardino)教授学校咨询，对这些实践如何在美国社会形成规模产生了敏锐的感觉。

本书的写作基于两个国家之间的合作：新西兰和美国，它也是一位高中教师和一位大学教师的有意合作。书中生动的实践故事几乎都来源于迈克在新西兰高中的工作实践。因此，它反映了新西兰和高中生活的风格。我们尝试使其他文化背景中的实践者也能够理解它们，但读者仍然需要做一些工作将其转换到自己的文化中。

在美国和其他国家有很多地方正在发展恢复性实践，美国有一些学校正在实践反欺凌秘密团队计划。例如，米歇尔·迈尔斯（Michelle Myers）在圣贝纳迪诺已成功地在一所小学实施了这种方法。关于愤怒管理小组也有大量的文献，但本书较少从这个视角去讨论。

各章内容

本书的第一、二章主要介绍背景知识。第一章说明了冲突的性质，指出校园暴力问题的危急，回顾了众所周知的对暴力"零容忍"政策，并表明其结果为何不如想象的那样令人信服。我们提出需要另一种综合的方法，并说明了这种方法是怎样的，还把该方法的基本原则与培养青少年成为合格公民联系起来。

第二章陈述本书的写作视角。概述了叙事方法在冲突应对中的独特之处，介绍了很多在后面的章节中发挥特殊作用的概念。

第三章重点讨论如何在冲突正在发生或已经发生的情景下运用咨询，介绍如何从关系的角度进行个人冲突辅导。有一部分内容涉及解构与学生有关的规则（rules）。然后，我们处理那些已经导致创伤事件的冲突，需要事后辅导而不是预防或干预的情境,说明涉及创伤的个体与团体咨询的原则与实践。

第四章和第五章讨论调解。第四章举例说明学校咨询师进行叙事调解的过程,第五章讨论学校同伴调解项目的发展。我们列出学校在建立同伴调解计划中需要解决的问题,介绍了为同伴调解者准备的初步训练计划。

第六章和第七章讨论学校恢复性实践。第六章概述了处理严重违纪行为的恢复性会议过程;第七章从恢复性会议的全过程开始,然后详述各种程度的恢复性对话。

第八章把我们带进教室去了解一例圆圈对话。它回顾了圆圈对话的历史,展示了如何用这一方法来解决发生在整个班级关系而不是个别学生之间的冲突。

第九章以围绕欺凌和人际攻击的关系叙事为目标,展示了如何运用反欺凌秘密团队来转化欺凌关系。

第十章重点讨论用班级辅导课程来解决社会问题,后者可能是校园冲突产生的基础。这些课程旨在让学生以减少暴力和破坏性冲突的方式思考人们之间的各种差异。

第十一章讨论团体咨询。它主要帮助一些沉溺于暴力行为模式或失去耐心不想改变的学生,而这些改变会减少他们伤害别人的可能性。我们避免用"愤怒管理"小组这一惯常的名称,而是称之为"直面暴力"团体。这一章解释了我们为什么这么做。

第十二章融合了前面各章的内容。我们拟出了一个关键问题清单,以帮助学校领导者选择并实施先前介绍的方法,并且提供了针对这些方法的训练。

致　　谢

我们的叙事实践能出版成书归功于很多人的努力,我们深表感谢!我们首先要感谢埃济沃特学校的学生和老师们,没有他们,这本书也不会完成。学校丰富的生活为这本书提供了很多故事,所有内容都是一些年轻人面临并克服冲突的真实生活记录,仅仅是更换了名字而已。他们给"调解""同伴调解""圆圈对话""恢复性会议"和"秘密团队"等方法实例提供了资源和灵感。学校校长艾伦·韦斯特(Allan Vester)和校董会支持迈克在许多论坛上展示这些成果。

杰拉尔德·蒙克(Gerald Monk)与约翰很多年来亲密合作,致力于在冲突解决中发展叙事实践。蒙克阅读了本书的初稿,并给予鼓励和支持,他目前正在圣地亚哥的一个项目中实施这些方法。

我们也要感谢温迪·德瑞(Wendy Drewery)和新西兰怀卡托大学的"恢复性实践发展团队",这个团队在不同阶段包括以下成员:安格斯·麦克法兰(Angus MacFarlane)、玛丽亚·凯奇凯梅特(Maria Kecskemeti)、凯茜·克罗宁-兰普(Kathy Cronin-Lampe)、罗恩·克罗宁-兰普(Ron Cronin-Lampe)、唐纳德·麦克梅纳明(Donald McMenamin)、海伦·亚当斯(Helen Adams)和凯里·詹纳(Kerry Jenner)。他们的工作体现了我们在书中所阐述的很多叙事实践精神。

2004年,比尔·哈伯德(Bill Hubbard)最先向迈克介绍了"秘密团队"的构想,并提出了这一术语。比尔还积极鼓励迈克在教室里运用"圆圈对话",他也是很多新西兰高中实施"恢复性实践"的先行者。在"反欺凌秘密团队"的发展中,比尔借鉴了梅因斯(Maines)和罗宾逊(Robinson)在英国创立的"无责备"方法。迈克和约翰把这项工作转换成基于叙事隐喻的模式。然而,我们要感谢比尔的开拓性工作。

迈克还要感谢他的朋友罗杰·莫尔森(Roger Moltzen),他始终支持迈克的学校叙事实践,并鼓励他把这些工作写成书。也应该感谢迈克的妻子詹妮(Jnenie),她一直倾听迈克的想法,并提出一些对这项工作不太熟悉的人很难考虑到的问题。

约翰的妻子罗琳(Lorraine)也对本书的写作做出了贡献,她多次参加讨论,一直给予鼓励,约翰很开心能得到她的支持。

加州州立大学圣伯纳迪诺分校和新西兰怀卡托大学心理咨询项目的师生们都值得一提。学生们是约翰的听众,能让他验证自己对这些理念的解释。学生们还提出很多问题,这有助于将这些理念和各种实践情境结合起来。

我们还要感谢科温出版社(Corwin)所有同仁的努力,策划编辑杰西卡·艾伦(Jessica Allan)最先看到这本书出版的可能性,特丽莎·赫林格(Teresa Herlinger)提供了很有帮助的编辑工作,还有八位评审者,他们的建议和指正促使了本书的改进。

最后一点同样很重要,我们要感谢我们的读者。早在你们知道这本书之前,当我们在寻求你们的期待、关注和反应时,你们就已经与我们的写作同在。在我们指导你们阅读之前,你们更是引领了我们的写作。

第一章
理解校园冲突

本章内容

◎ 冲突是正常的
○ 暴力是个问题
◎ 零容忍行不通
○ 一个综合方案
◎ 什么是暴力
○ 暴力的起源
◎ 为民主做准备
○ 小结

冲突是正常的

冲突是普遍存在的,这是我们首先要承认的事实。即便是在群体相似性很高的学校里,教师和学生们也会有一些细微的差异,不可避免会发生矛盾。人们在完成各项事务时,总会与别人的安排有所碰撞。

学校是社会的一个缩影。如果我们召集一群成年人,询问他们是否遇到过冲突,他们一定会报之一笑。不用说,任何人都有过冲突,概而言之,这种现象是很正常的。

冲突是不可避免的,这是因为人们的差异会相互影响。差异表现在很多方面:文化背景和假设、个人风格、世界观、期望和志向,等等,因此在一些方面经常会产生摩擦。学校无疑和其他社会领域一样存在这样的状况,学校并不需要成为一块冲突不存在或者得到彻底解决的净土。这样的话,差异能够得到尊重,矛盾的文化观点能够得到重视,每个学生和教师的声音都能够被听到和包容,所有这些使教育活动能够持续进行。

另一方面,如果询问人们对冲突的经验,听到的常常是冲突得不到很好的解决。冲突给人们带来伤害,处理效果不佳,又找不到向前迈进的建设性方法,由此生出嫌隙和烦恼。人们把很多精力消耗在思考冲突上,而这些精力本来可以用于其他目标。冲突有时还会引起暴力,导致伤害成倍增加。

实际上,建设性地处理冲突是有挑战的。我们在家庭和学校中偶然学到一些经验,但很少有系统性的课程教导如何与别人相处和解决分歧。因此,学生们并不总能学到这些,有时候,他们被教导要处理好这些问题,但是并没有人给他们演示,他们也没有机会实践这些特殊的能力。

本书中,我们旨在提供一系列策略,相当于通过一个综合方案来解决校园环境中的各种冲突。仅仅介绍一种干预方法远远不够,例如同伴调解项目,期待只用它来处理所有问题是不行的。我们希望教师和学生都能运用这些策略学会和平共处,这样,学校中的学习和教育就能和谐发展。

校园里时常会出现紧张状态,这是不可避免的。教育者之间、学校和社区之间、学生之间、学生和教师之间、学校管理者和教师之间经常会存在冲突。我们需要清醒地认识到,这一切都是正常的,学校只需准备好处理它们。处理冲突需要建立规程,使大家能维护不同的观点,相互影响,注意倾听,在吸收多种观点的基础上达成解决方案,而不是强加某些单一的主张。有效的领导并不需要总能知道最佳的决策,而是要注重设计方法,积极地处理分歧和偶尔爆发的冲突。

暴力是个问题

即使冲突需要被正常化,我们优先考虑的就是学习如何去处理,但这并不意味着我们应该接受暴力的必然性。校园暴力是个问题。

我们不需要一个满是尖端科学的图书馆,来培育那些害怕被伤害或者烦躁不安、无心学习的孩子。有效的学习发生在安宁和愉悦的情境下,而不是受焦虑、愤怒或恐惧所掌控的氛围。内尔·诺丁斯(Nel Noddings)是一位重要的教育思想家,他明确提出:

> 借助50多年的教育和养育经验,我注意到,孩子们(成人也是)在快乐的时候学习效果最好。(Noddings,2002,p.2)

诺丁斯认为,暴力的发生、它所带来的威胁和恐惧以及对暴力的目击,都会影响人们的学习能力。美国司法部长埃里克·霍尔德(Eric Holder)于2009年10月在芝加哥发布了一则评论,明确指出校园暴力的危害。评论集中关注了青少年暴力,霍尔德说:

> 司法部今天发布了一项新研究,该研究调查了美国青少年暴力的影响,结果令人震惊。60%以上接受调查的儿童,在过去一年里都直接或间接遭遇到暴力。几乎一半儿童和青少年至少被攻击过一次,超过十分之一的儿童因此受伤。这些暴力事件中,大约四分之一是被抢劫、盗窃和毁坏财物,16人中就有1人曾遭受性侵。这些调查数据令人惊诧,让人无法接受。我们简直不能忍受暴力的蔓延,它剥夺了孩子的童年,助长了一种恶性循环,使今天的暴力受害者变成明天的罪犯。

全美儿童遭受暴力的情况调查(Slowikowski,2009)发现,过去的一年里,有46.3%的儿童至少被攻击过一次,其中14.9%的儿童受到武器攻击。他们中有10%的人因此受伤。其间有6.1%的儿童被性侵,9.8%的儿童目击了家庭暴力。13%的儿童在过去一年内受到欺凌,21.6%的人在以往受到过欺凌。其他数据(美国教育部、美国教育科学所,2007)也报告了不容乐观的数据,年龄在12岁和18岁的青少年中间,在过去一年内有32%的人受到欺凌,其中有4%的受害者受到网络欺凌(通过网络或短信)。

客观地看待这些数据,大多数儿童还没有直接遭受暴力,也没有证据显示人们越来越担心事态趋于恶化。美国心理学会零容忍工作组(2008)报道:

> 校园暴力已失去控制的推测未得到证实,严重致命的暴力在校园破坏中占相当小的比例。调查数据一致显示,校园暴力和破坏的状况趋于稳定,或者说大约从1985年起还有所下降(p.855)。

然而,针对那些遭遇暴力者,调查数据还是指出了儿童生活中暴力问题的潜在危害。我们说"潜在"危害,是尊重那些对暴力具有复原能力的年轻人,他们并不把暴力看成理所当然的,或者说是生活的一个方面。遭遇暴力并不必然导致心理伤害,但是,儿童遭受暴力的创伤性影响风险非常之高,必须认真对待。

对那些在贫困中长大的人来说,他们的情况更令人担忧。一项最近的研究(Kracke & Hahn, 2008)指出,美国低收入黑人家庭中43%的孩子目击过谋杀,56%的孩子目击过持刀伤人。而相对中上阶层的孩子,这两类数据分别只有1%和9%。略想一下就明白,那些孩子的学习和考试成绩自然也会受到影响。如果不能解决暴力的干扰,在学习方面"缩小差距"的简单措施是不会奏效的。

我们可以进一步详述暴力问题,但这不是本书的目的。用统计数据来提出警告本身并不能改变现状;它可能仅仅激起恐惧或愤怒的情绪,引起一些无效的反应。更重要的应该是提供一系列实践构想,这样才有助于解决问题,这才是本书的宗旨。

零容忍行不通

首先,我们还是说明一下曾经尝试过的一些解决方法。原则上,如果现有的方法不能如我们所愿发挥作用的话,就应该尝试不同的方法。很多学校领导和管理者已经采取了强硬的行动来对付暴力。从20世纪90年代起,一些学校和学区纷纷制定了针对暴力行为的"零容忍"政策。"零容忍"的观念最初为毒品交易的执法而设计,尤其是在一些令人震惊的学校枪击事件发生后,它常常被用来对抗暴力行为。虽然在诠释"零容忍"政策方面有很大差异,但这些政策通常都是强制性的。

预定结果的做法在本质上是严厉和惩罚性的,即不考虑行为的严重程度、减轻处罚的因素或情境因素。(美国心理学会零容忍工作组,2008,p.852)

很多时候,人们采取的做法是把违纪者从学校开除,这么做的假设是:对其他学生而言,这样做能改善学校的人际氛围,制止未来可能出现的违法行为。一旦施暴者被认定后,零容忍涉及的就是这些人,而不是暴力行为。于是,他们被停课或者开除。这意味着暴力行为是一些人的人格特质,学校不应该容忍这些人。我们称之为基于**本质主义**假设的行动。它假设暴力是施暴者人格"本质"的组成部分。结果常常是,那些暴力实施者又遭受到学校当局的象征性暴力(Bourdieu & Passeron, 1977)而被赶出学校。

这种方法有一个很大的问题:它基本上不起作用。也就是说,如果我们把减少校园暴力和增长学生安全意识作为目标,那它是没法实现的。如前所述,美国心理学会委托的暴力零容忍工作小组调查了学校零容忍政策的实施效果。该工作组调查报告(2008)强烈质疑了学校零容忍政策的效果和价值。他们直率地下了结论:"零容忍似乎没有改善学校风气和安全"(p.860)。调查结果"始终挑战零容忍的观念"(p.860),这么做并没有改善其他学生的学习环境。相反,零容忍实际上**增加了**破坏行为和辍学率,导致那些被勒令停课的学生出现更多的不良行为。即便把社会经济的差异考虑进去,勒令停课率较高的学校并没有表现出更好的学业成绩。

零容忍的策略可能满足了果断做出惩罚行为的正义感,但是这样做显然没能教会青年人解决冲突或避免暴力。零容忍政策可能导致荒谬的反应,美国亚利桑那州小学就发生过这样一件事。一天,一个六岁的男孩带了一把玩具枪去学校,把枪指向另一个孩子,说要杀了他。严格遵守零容忍政策导致这个男孩随即被押离学校,并被带到警车上。官方的反应太过了,夸大了原本可以酌情智慧处理的事件。

零容忍政策甚至没能成功地威吓青少年,使他们表现出更亲社会的行为。正如美国心理学会报告中指出的,青少年常常侵犯其他人,主要是因为不成熟或者还没有学会考虑行为的后果。把他们送到监狱系统(常见的是把学生送到青少年拘留所)忽视了发展性的 面;当青少年发生侵犯行为时,这永远是应该被考虑的因素。

一个综合方案

现在,我们需要一种新方法。虽然没有一种方法能提供所有的答案,但在这本书中,我们尝试提供一个新的视角。它基于独特的叙事实践哲学,我们将在第二章进行更详细的描述。有一些出版物承诺采用单一的干预措施,就可以大幅减少暴力,例如零容忍政策正是如此。如果和其他方法一起使用,它们甚至可能显得更有效,但就目前来看,它们单独使用的功效并不明显。一些人倡导同伴调解项目,我们看到有些项目做得很好,但它们不能解决所有的暴力问题。在这个世界的一些地方,例如在新西兰,本书的两位作者都曾担任过学校咨询师,当初这些咨询师被引入学校专门为了减少"青少年违法犯罪"(Besley,2002)。但是,咨询本身对校园暴力的整体模式并没有太大作用。在其他情况下,人们也创立了一些减少欺凌的项目,但并不是所有的暴力都符合欺凌的标准。

学校应该认真创造一个没有暴力、能建设性处理冲突的环境,这就需要学校采用一系列综合方案,经过缜密思考,决定在特定的情境下什么方法是最合适的。没有什么高招能用一种干预方法改变学校氛围。零容忍不是万应药,同伴调解也不是,人际关系技巧培训也不是。我们倡导采取一系列方法来解决问题,根据不同的情境选择最合适的方法。

有时需要的是调解,有时需要心理咨询。在另一些情境中,可能需要恢复性会议或者小型会议,有时也可以推荐"直面暴力"团体。我们将介绍一系列实践方法,提出一整套的综合方案。我们还将介绍有针对性的辅导课程,旨在减少导致暴力的人际互动。另外,我们还将介绍一种处理欺凌的方法,在试验情境中被证明非常有效,它被称为反欺凌秘密团队。

我们尤其想要同时向两个团队呼吁,一方是学校管理者,另一方是学校咨询师和学校心理学家。两个团队需要紧密合作,共同实践这些方法。学校咨询师和心理学家具有实践这些方法的专业知识和技能,学校领导和管理者需要参与决策,根据具体情况选择并实施这些方法。

在描述这些解决暴力的方法之前,我们想进一步思考一些基本假设,它们将指导我们在本书中概述的工作。我们在这里采取的是一种哲学立场。不是所有人都和我们意见一致。解决校园暴力的困难之一是这些假设常常得不到分享。我们建议您尝试把其中一些理念作为工作假设,因为它们不同于以往的方法。这样,它们有机会保持新鲜的活力,而不只是被当作"老生常谈的东西"。

什么是暴力

"什么是暴力?"这个问题听起来好像是多余的,但要回答它并不那么简单。大多数人非常确信,只要看到暴力就能认出它,而且有很多行为几乎任何人都同意称之为暴力。但是,对暴力的描述总是有解释的成分,有时还包括对暴力严重程度的解释,或者对某些暴力是否属于正当防卫的评估。

教师对暴力的定义,会导致他们只关注某些行为而不是其他行为,或者只关注某些学生而不是其他学生。因此,对于学校工作人员来说,定义好他们要解决和改变的行为是很重要的。

大多数人对暴力的定义是使用过多的武力。这种解释强调对攻击数量的评估。一定程度的武力被认为是可以容忍的,或者在特定的情境下是情有可原的。但是,如果使用了太多的武力,特别是对他人造成了身体伤害,这种行为就是暴力。

一个更有帮助的暴力定义强调**侵犯的过程**和侵犯了什么。从这个角度来看,一些暴力行为侵犯了人们的权利,尤其是侵犯了他们捍卫自己利益、保护自己、表达自己想法、为自己和他人做事的权利。

布伦达·所罗门(Brenda Solomon, 2006)提出了这个区别。所罗门特别关注学校里的年轻人对暴力的了解,而且她研究了教师对暴力的解释。她发现,在学校里,相当多学生对其他人的武力并没有被称为暴力,因为它没有超过"太多武力"的界限。这样的解释主要针对男孩们的游戏。当教师评论"孩子们"(kids)的行为时,他们通常指的是男孩。当他们谈论女孩、男同性恋和女同性恋或者少数民族时,他们不把这些群体称为"孩子们",而是称为特殊群体成员。因此,他们的行为被区别对待了。她还发现,根据"太多武力"的标准,被边缘化的社会群体成员的行为更可能被解释为暴力。一定程度的武力,如果没有越过"太多"的界限,总是被认为没问题的。但是,很多女孩子使用武力的程度并不高,也可能被解释为暴力。

如上所述,针对暴力还有另一种解释,它关注的是暴力"侵犯了什么"。例如,一个人的权利或者他/她的行动能力受到了侵犯。相比"太多武力",这一解释可以让我们对暴力有更广泛的理解。它包括对个体的社会地位的关注,以及这种地位如何用来对别人行使权力。在这个版本的暴力中,支配的过程比使用武力的程度更为重要。它不仅涉及对身体的伤害,还包括恐吓、威胁、情感虐待,等等。这些暴力中有些是无声的,几乎看不见,很容易被老师忽视。但是,它们产生了伤害,有时它们对受害者的影响比武力伤害更大。短信欺凌和社交网络上的帖子就是这种暴力行为,这些行为冒犯了其他人,虽然没有越过"太多武力"的界限。同样,一个人(老师或学生)走到一个学生旁边对他大喊,离受害者的脸只有几厘米,有意引起恐惧,却没有触碰到这个学生,但也可以说是冒犯了受害者的人格。

霍华德·泽尔(Howard Zehr,1990,2002)在他的恢复性司法工作中,邀请我们对暴力的看法发生另一种转变。他提出,法律(照此类推,学校官方政策等)的焦点长期集中于规则和权威的执行,没有充分关注人们的关系发生了什么变化。泽尔认为,应该考虑攻击行为对关系的伤害,他要求我们更多从关系的角度来思考侵犯行为。这种思维转变的主要意义在于对侵犯做出的反应。泽尔主张,我们更应该思考怎样去**解决暴力对关系的伤害,使之恢复正常**,而不是修复规则的权威或者当权者的地位。这样做的结果可能会形成一些反应,即促使校园关系发生变化,而不是制定惩罚的规则,惩罚实际上不太可能改变学生的行为。

因此,正如我们所指,暴力是一种权力的实施,它侵犯了人们之间的关系。可是,我们应该记住,不是所有的权力行为都是暴力。根据米歇尔·福柯(Michel Foucault,2000)的表述,权力是一种很普通的关系属性,在这种关系中,一个人试图影响另一个人。如果被称为暴力,通常需要包括一个元素,即支配其他人,违背他或她的意愿。

暴力的起源

冲突情境下的暴力反应不是偶然发生的,也不是由个人的人格特质所致。本书中,我们坚持如下原则(更全面的解释见第二章):人不是问题,问题才是问题。这意味着,我们可能会有意在关系或文化语境中寻找暴力的起源,而不是在暴力主犯的心理构成中寻找。

我们探究的一个方向是社会文化规范对学生生活的作用。这些规范通常在一些假设性的论述中表现出来。这些想当然的假设使人们会按照常规行动,不需要对事情有太多的想法。它们可以表达为一些话语,现举例如下:

如果你面对挑战不反击,你就是软弱。

如果你要成为一个男人,你就得强壮。

如果你闯入我的领地,你就是在发起挑战。

在我的文化里,先动手,再动口。

男孩如果拒绝打架,就一定是男同性恋者。

我不会主动挑战,如果有谁这么做,我一定会奉陪到底。

先发制人很重要。

这些话语对我们解决冲突情境有一些启发。例如,重要的是用其他话语替代那些支持暴力方案的话语。这些替代性的话语不仅仅是适合成年人,也需要对青少年有意义。也就是说,它们需要出现在年轻人生活的文化世界中。

例如，下面有一些替代性的话语：

真正的男人尊重女性，不会用暴力支配她们。

有时，不发生打斗需要很多勇气。

我不在乎你认为我是同性恋，同性恋一样拥有和平相处的权利。

如果发生攻击，我会保护自己，但是，我永远也不会发起暴力。

我信仰非暴力，尊重人们之间的差异。

这些仅仅是一些例子。在我们的语言世界里，总有这样的替代性话语可供年轻人使用。这就给学校领导者带来挑战，促使他们认同这些替代性话语，使它们能得以见天日。这样，年轻人就能选择并依靠它们。它们必须首先被引入主流话语的世界，被了解，然后在行动中得到支持。

暴力的另一个起源是对归属和身份的界定，它们都与领地的控制有关。我们从字面上能想到领地是物理空间——社区、街道或者教室和学校操场。或者从更抽象的角度讲，领地可以是我们在谈话中被占据或不允许被占据的空间。

理解校园冲突是如何在年轻人中出现的，往往意味着去理解社会领地的动力。"这是我们的地盘，滚出去。"学生们经常会用这句话来形容社区街道、校园角落，或者教室里的座位。领地的竞争会导致一些被视为威胁领地归属的行为。

我们可以根据身份叙事来理解这些领地竞争的动力。身份总是在与他人的关系中形成，在我们与重要他人的谈话中形成。身份的形成也与叙事有关，它贯穿于时间，也根植于空间。通过归属于某个参照团体或者社团，每个人的身份感得到发展（White，2007）。

我们很容易诉诸动物行为学来解释人类冲突，并参考那些每天都在争夺地盘的动物。可以这么说，人类的领地竞争就像猫的打斗。就这点而言，人类当然与其他动物相似。但是,人类与动物也有本质区别,人类能够用更抽象的词来界定领域。我们的领域比那些动物的领域更具灵活性和可协商性。因此,我们可以遵从哲学家吉尔·德勒兹(Deleuze & Parnet,2002)的建议:解域(deterritorialize),然后再领域化(reterritorialize)。这种可能性为冲突解决工作提供了一个焦点,我们可以邀请人们进行谈话,以更具弹性的条款对竞争领地进行重新界定,然后重新协商。

暴力的其他起因存在于社会支配和权力作用的过程中。这些过程总是以一定的形式在人类社会中发生。米歇尔·福柯(2000)展示了社会支配如何成为权力关系持续斗争的副产品。在现代社会中,这个过程往往不是直接的暴力胁迫,而是利用更复杂的技术,如"正常化判断"和将人们定位在某种标准曲线中。当今,努力达到正常化,对于任何人获得生存机会是极其重要的。问题是,任何正常化的定义都会自动创立一个群体,将其指派给边缘人群,并且要求他们接受边缘化的身份。这些人被排除在现代社会的某些方面之外。这种边缘化过程的内在经验是一种**异化**。

让我们来看看关于赵承熙的言论(例如,维基百科中关于他的词条,其中包括他自己的言论),他于2007年4月在弗吉尼亚理工大学悲剧性地射杀了32个学生。你会发现同伴对他有各种异化的表达。上述情况也适用于其他大规模的谋杀者,他们经常被描述为"孤独者"。就是说,他们是异化的,或者说疏离于其他人,失去了与他人的联系感,而这种联系感原本可以使人们对他们产生一些同情。

一些不算太严重的事例显示,很多年轻人发现他们在学校里反复经历失败,使得他们疏离于学习机会之外,或者他们频频陷入麻烦,以至于学会了"脱离"学校官方的关注,并因此远离了学校教育的目标。

因此,异化是一种很常见的学校经验,它对冲突的产生起了作用,由社会排斥或边缘化的过程所导致。如果我们认真对待它,会对解决冲突带来启发。

冲突的解决过程,应该力求使人们回到社会关系网络中。他们应该被包容而不是排除,即使是那些制造冲突的人。他们应该被关系化,在关系中看待问题,而不是把个人看成是异常的。

最后,在冲突的各种起源中,值得提一下**刻板印象**。刻板印象指的是一种传统而过分简单化的观念,它根源于对个人和群体的歪曲假设。刻板印象基于偏见或者主导话语而不是准确的信息,它经常抵制由对抗性的信息引起的挑战。刻板印象的危险是,它们常常被标准化,进入流行的词典,由于不断重复而被广泛相信。刻板印象围绕着种族或民族、性别或性取向、社区或社会阶层成员或者其他人的宗教信仰不断发展。在根本上,它们是思想怠惰的一种形式。

刻板印象可以是消极或积极的,但是,消极的刻板印象通常是有问题的。当人们不公正地被刻板印象定型,使生活的可能性遭到限制时,问题就产生了。因为它们同时被遭受刻板印象和施加刻板印象的人们所熟知,所以可以获得快速的反应。刻板印象的重复常常成为冲突表达的导火索,而冲突在之前已酝酿了一段时间。因此,刻板印象可以促成暴力的发生。

分析刻板印象对校园冲突的作用,可以产生特殊的冲突解决方案。我们可以通过深思熟虑来识别隐含在刻板印象中的谎言,例如,通过课程邀请学生更用心去思考这些问题。

为民主做准备

如果解决冲突的观点听上去像专为学生准备的糟糕配方,教育他们生活在专制之中,那么这就是蓄意的。在一个民主社会中,学生应该准备成为民主社会的公民。民主社会不仅仅是指通过选举产生领导人的社会,而且是指公民对自己的生活有发言权的地方。有发言权并不意味着每个人都有完全的霸权。没有人是一个孤岛,这意味着人人都会参与到权力关系中,因此没有人受到完全的支配,也不会有人丧失权利,或者缺乏发表言论的机会。

我们也不主张学校应该调整,使其更像一个民主政体。学校管理者和教师被赋予领导角色,他们需要做出决定并对这些决定负责。我们不要颠覆这种状况。但是,在学校生涯中,学生要拥有发言权,对此还有很多事要做。如果不这样做,就有可能培育出疏离社会的公民,这些人日后将会进行破坏社会的犯罪活动。现代民主社会要求公民能读写,会计算,理解科学方法,形成对社会和历史环境的认识。要达到这些要求是课程设计的任务,没人对此有异议。然而,学校也是这样的一个场所,即孩子们应该学习如何与别人相处,调节他们与公共利益有关的个人愿望和偏好,用包容的方式处理与他人的差异。

孩子们不会自动知道如何参与到这些社会互动中。他们需要学习相关的技能。因此,学校需要为维护民主的态度和实践的发展**搭脚手架**(见维果茨基[Vygotsky, 1986]的术语)。这些课程曾被称为学校教育的隐性课程(McLaren, 2005),但是,我们建议这些课程应该变成明确和公开的课程。茱莉亚·吉拉德(Julia Gillard)是澳洲第一位当选总理的女性,她在担任教育部长期间,明确阐述了教育对于处理冲突和暴力的意义。

为达到我们的最高期望,我们需要理解一个简单的议题:幸福和安全的学校才是更好的学校,有幸福感和有安全感的学生才是更成功的学生。

提高学生幸福感的有益之处是众所周知的。它通过提高学生对教学的参与度、更好的课堂行为,以及更强烈的课堂精神与归属感,直接影响到学生的学业成就。学生的幸福感越高,他们的知识保持水平和中小学的学习成绩就越高,这将对经济目标产生积极的影响,比如生产力、社会融入,以及社会资本的建设。

因此，提高幸福感，消除欺凌不是次要问题，而是国家的重要教育目标。（Gillard,2010,p.2）

在某种程度上，这种意义上的民主永远是遥不可及的，永远是一个我们正在努力实现的未来承诺。但它的重要性并不会因此而降低。它要求始终与人保持对话，而不是停止交流去支持**单一思考**。相比之下，**对话式思维**有无穷的创造力，通过对各种观点保持开放，总是能产生新的局面。

小　　结

在这一章中，我们提出了本书的一些工作设想。这些观点包括冲突是正常的，它主要源于人们之间差异性的表达。但是，暴力不能被正常化，它需要通过有效的方式被解决，并且要处理各种已经造成的伤害。

我们也解释了为什么惩罚性的零容忍政策行不通。实证研究结果表明，这一政策未能减少校园暴力的程度。那么，我们应该做什么？贯穿于本书的提议是实施一系列综合实践，这个综合系统能让我们选择适合不同情境的问题解决方案。

我们还讨论了一些影响我们思考冲突和暴力的背景话语。很多时候，人们侧重于暴力的"过多武力"，而不是对人们权利的侵犯。我们应该在学校创设一种创造性学习情境，使建设性地解决冲突成为民主社会公民的一项基本课程。

在本章中，我们简要描述了叙事的观点，它将贯穿整本书。在第二章中，我们将更详细地阐述叙事观点。

问题反思

1. 在学校里，哪些行为构成了不能被视为正常的暴力？
2. 你能识别人们的权利被侵犯而没有出现"过多武力"的暴力情境吗？
3. 当男孩和女孩涉及暴力时，人们对他们的反应有什么不同？
4. 你对冲突的个人反应方式是什么？你是如何习得这种方式的？
5. 你什么时候惊讶自己很好地处理了冲突？你如何解释这些情况？
6. 你个人认为处理哪种形式的分歧最具挑战性？

问题研究

1. 我们该如何评估冲突解决综合方案的成功？
2. 综合实践方法与"零容忍政策"相比如何？
3. 暴力的最主要和最常见的原因有哪些？
4. 学校领导者和咨询师如何看待他们在解决校园冲突中的角色？他们将这一角色与培养学生生活在民主社会中联系起来了吗？

第二章
叙事的观点

本章内容

◎ 叙事实践介绍
○ 人不是问题
◎ 缺陷思维的副作用
○ 多重故事
◎ 双重倾听
○ 外化对话
◎ 描绘问题的影响
○ 解构
◎ 案例简介
○ 道歉
◎ 发展相反故事
○ 小结

叙事实践介绍

本书的写作秉承了一致性的观点,这是毋庸置疑的。然而,我们应该说清楚这一观点,把我们想要概述的所有实践都置于该哲学的视角,这才是合理的。我们现在就来阐明本书所依据的理论假设。

我们强调的观点现在已经成为众所周知的**叙事实践**。这是从社会科学、社会理论、哲学、文化研究、社会心理学、人类学和社会学等领域的当代运动中得出的伦理取向和一系列实践的简称。

叙事实践最初产生于家庭治疗领域,由澳洲的迈克尔·怀特和新西兰的大卫·爱普斯顿共同创立(White, 2007; White & Epston, 1990)。这些实践原则的应用已经扩展到学校咨询(Winslade & Monk, 2007)和冲突解决(Winslade & Monk, 2000, 2008)等领域。

叙事的观点把社会实践理解为叙事表演,包括情节发展、设定的人物和角色、背景因素,等等。从叙事观点来看,故事在人类行为建构中的角色要比它在传统社会科学视角中显得更为重要。在社会科学中,故事被作为次要的知识来源,主要是强调识别在故事背后起作用的潜在因素或者力量。根据叙事的观点,这个重点反转了,因为人们通常会通过叙述故事来理解生活。

"今天在学校怎么样?"如果它引起的不只是一个简短的反应,这样的问题就会产生一个故事。"告诉我英语课如何?"这个问题也期待一个故事作为回应。对于"是什么导致了打架?"这个问题,如果答案是一连串的原因分析,而不是故事,将会引起愤慨。

人们也会按照他们形成的关于自己和别人的故事去行动。如果一个学生在学校里被描述为"问题学生",那么,他或她通常看上去会更封闭,别人跟他们说话会更严厉,他们也会比那些在故事情节中扮演"有前途的领导者"或"全优生"的人受到更严重的处罚。因此,研究这些故事的影响,而不是认为它们缺少真实性,将会有很多收获。

人不是问题

叙事观点对校园冲突意味着什么?其中一个含义是,将学生和教师理解成经常被卷入问题故事(围绕冲突而展开),而不是说他们本质上是有问题的人。另一种说法是迈克尔·怀特的名言,"人不是问题,问题才是问题"(White, 1989, p. 6; Winlade & Monk, 2007)。这一声明表达了高度尊重的原则,它体现了一种承诺,即倾听人们最好的意图,而不是急于认同"他们是最坏的"这一假设。它也意味着要理解人们说的话,把他们当作有能力的道德主体,而不是在某些方面存在缺陷(因此不把他们当回事)。

与此相反,把人当作"问题"在很多学校都是普遍现象。例如,学生个人被当作"麻烦制造者",紧接着是对其声誉的影响,他们的身份也由此形成。这种逻辑很普遍,都是基于这样的假设:如果有麻烦,就可以根据假定的性格缺陷来解释。这种缺陷可以是道德问题("她是个坏人")、医学问题("他有注意力缺陷障碍")、教育问题("她有学习障碍"),也可以是社会问题("他是个危险学生")。在学校话语中,通常也存在责任推诿的习惯。对孩子多一点同情,就会把问题转移到家长身上("当孩子来自一个功能失调的家庭时,你还能期望什么呢!")。单亲父母或离婚家庭通常在没有任何证据的情况下,就被假设为在养育孩子方面是有缺陷的。

有时候,某个社会群体成员都会被赋予少数群体的缺陷身份。一位年轻的非裔美国女孩告诉我们,仅仅是因为肤色,她就曾被称为"危险人物"。她是危险人物的假设基于将统计数据映射到个体的生活中,而这样的科学方法并不可信。在这种假设下,很少有人考虑到她在学校里的优异表现。

最近,学校政治话语中涉及教师和学校的**缺陷论**有日渐抬头之势。"失败学校"的论断被不断重复着,不管这一描述是否合乎情理,它已经在一定程度上成为真理,给所有参与这所学校活动的人蒙上阴影。

缺陷论的问题不仅仅是这一描述是否正确,更大的问题是,缺陷论的话语永远是简化的,它过分地概括化个人、团体成员和组织,在狭隘的经验中思考个人或团体。人们总是比任何对他们的单一描述更加复杂,学校也是如此。任何定义总是能发现例外,即使是最精确的定义。把缺陷强加给人们会产生更多的副作用,让我们来看看其中的一些。

缺陷思维的副作用

缺陷思维主要的副作用是影响了学生关于自己的故事。尤其是当缺陷描述背后有教师和校长施加的权力，甚至是更强大的力量，如医生或心理学家的权力，对一个年轻人来说，要否认它是很难的。在某种程度上，学生不得不内化这种描述，变成那样的人。另一个常见的副作用是个人的无助感不断增长，因此要依赖专业人员来解决问题（Gergen，1994）。这种逻辑的逐步建立就像这样：如果我、我的孩子或者我的学生在某些方面有障碍，那么，我和他或她之间的问题是源于个人本性中的某些方面，我对此无能为力。因此，我需要寻求转介，去专业的心理学家或医生那里解决问题。这种逻辑的典型特点就是阻止人们去倾听或认真对待当事人所说的话，结果通常使问题恶化。肯尼斯·格根（Kenneth Gergen）把这个后果描述为"弱化"而不是"赋权"。

为什么我们要在一本解决校园冲突的书中强调缺陷逻辑和以偏概全呢？这是因为在冲突情境中人们以偏概全的现象是很普遍的。人们很容易利用缺陷话语和以偏概全的习惯来解决学校人际关系中的问题。**如果我对某人生气，一定是他在哪里做错了。他的本性说明了为什么他这么难搞。**发生冲突时，各种事情都被归咎于人的本性。例如，"你是个骗子"的谴责使用了动词"是"，把说谎的行为永远与人的本性捆绑在一起，这样就有借口不去辨别真相与谎言之间的区别。

因此，叙事取向的学校咨询师要尤其注意，避免把年轻人的缺点归咎于本性，或者用一个词或短语概括他们的身份。这种描述的例子包括把个人概括为"欺凌者"或"受害者"、"好学生"或"坏学生"、"问题行为者"或"学习障碍者"、"危险分子"或"缺乏社会技能者"。相反，我们应该首先这样假设：每个卷入欺凌、行为紊乱或者"交往障碍"的人，都有能力进行许多其他类型的人际交往活动。没有人是天生的欺凌者、受害者或者问题行为者。

现在的挑战是使这一假设成为可能,例如,让欺凌者、受害者和旁观者都从欺凌的故事中跳出来,进入另一个与继续欺凌不相容的故事情节。我们假设每一种描述都是在叙事中定位的,而不是取决于人格的基本类型。既然故事可以这样上演,那么它也能被放下,被故事中的主角所撇开,假如我们积极邀请他们这么做的话。

上文中最后一句话提到的条件已成为学校叙事实践的发展目标。这样的邀请撇开了有问题的故事,开启了一个相反的故事,这主要通过提出精心设计的问题来完成。随着本书的进展,我们将展示许多这类问题的范例。但是,这些提问不是机械的技能,它们是从一些哲学假设中形成的。

叙事实践强调从关系模式的角度理解暴力、欺凌或行为紊乱问题,而不是根据个体的内在动机和感受来理解问题。它不贩卖个人病理学的本质主义或自然主义的解释,而是利用关系策略来解释行动。例如,我们不会认为欺凌是由欺凌者自身不断积累的愤怒所导致的,然后要求对其进行"愤怒管理"培训。根据叙事的观点,欺凌发生的重点是欺凌**关系**,欺凌行为试图对关系施加影响。目击这一关系的旁观者也是这种关系模式中的组成部分。因此,我们的目标是直接转变关系,它的意义很重大。在第九章,我们将介绍一种基于该假设的欺凌解决方法。

多 重 故 事

叙事实践的基本假设是:我们是由多重故事组成的,或者是由多重叙事构成的。有人谈到,在现代社会中,我们的生活不再是单一的(Gergen,1992)。这些故事常常互相重叠,有时也有很大的不同,因为它们来自我们不同的生活语境。对个人来说是正确的东西,其实也适用于关系,特别是存在已久的关系。一段关系也可以说有多种故事构成。例如,一段关系中可能有一个冲突故事,也可能有另一个和平故事。

许多心理学流派都有一个共同关注的问题,就是在整合的过程中把不同的叙事整合到一起。比如自我实现的概念,就强调个体成为一个单一的、更一致的、定型的自我。

叙事实践提出了另一种主张。我们不反对把身份故事分成几部分,而且欣然接受并有效利用它。把一个人和一段关系看成是多重故事而不是单一的,其好处在于解决冲突时不需要把各个松散的冲突故事捆绑在一起,更不需要把它们一起转移到另一个故事情节中。在叙事实践中,一个和平、合作、尊重或者任何适合描述的故事,与其说从冲突故事中产生,不如说是与冲突故事并行生长。因此,冲突解决的挑战就在于邀请人们改变方向,跳到支线故事的情节中。新的故事情节有它自身的发展历史,可以得到修复和加强;它也有自己的未来,可以得到规划和描述。一旦纠纷中的双方跨入新的故事情节,那么,悬而未决的问题通常可以很快得到解决。

双 重 倾 听

支线故事的假设暗示了一种新的倾听技巧,它建议我们不应该仅听一面,而要听两面(White,2006;Winslade & Monk,2008)。双重倾听不仅听问题故事,还要听与之相随的解决方案故事。它引导我们要同时承认并识别冲突的痛苦故事和蕴含希望的故事(巴鲁克·布什和福尔杰[Baruch Bush & Folger, 1994]的术语)。当我们进行双重倾听时,我们会在人们说的话中听到更复杂的内容,这种复杂性甚至出现在同一个句子中。我们开始捕捉一些常常被掩盖的信息片段,从中发现另一个被抑制的故事存在的线索。

我们举例说明一下上述的方法:"我当时真的很恼火,但是,我后来平静下来了。"通常情况下,人们听到的是一个充满愤怒的故事叙述。双重倾听则能让我们听到"后来平静下来了"的故事。这个故事可能包含一些很重要的意愿,比如不同的互动方式、更精心的思考和对最初反应的修正。句子中间的"但是"在两个故事的摇摆中起到了转折点的作用。一旦我们听到这两个不同的故事,我们就可以对它们进行比较,邀请人们在两者中间做一个慎重的选择。

还有另一个例子。有人说:"我想和数学老师更好地相处,但是,每次她找我麻烦时,我真的火透了,我拒绝做她布置的任何事。"双重倾听再一次记录了两个故事:想和数学老师好好相处的故事,他被老师找麻烦而恼怒的故事,前者被后者蒙上了一层阴影。如果我们能双重倾听,我们不仅能记录恼火的故事,还能探究另一个版本的故事,我们可以说一些类似的话:"告诉我,为什么你想和数学老师更好地相处?你将如何尝试向她展示你的意愿?"

双重倾听还能让我们注意到言语和非言语表达之间的矛盾。想想这样的情境:有人对一个想法说"是的",但声音却犹豫不决,面部表情也不太热情。她的非言语表情可能传递的是"不",但她却说出了"是"。我们应该回应哪一个故事?双重倾听提议:我们既应该听到"是",也应该听到"不",以此作为矛盾故事的切入点。每个故事在不同的叙述中都有其意义,哪一个都不是所谓的正确故事,但都值得我们带着好奇去探究。

外化对话

叙事对话的一个常见特征是外化语言的运用(White，2007；Winslade & Monk，2000，2007)。这种语言形式是一种语法上的转换，将问题或冲突指称为第三者。当人们谈论它们的时候，它们似乎是客观对象，成为主人公世界里的自由主体。语法上的转换引发了思维的变化，不仅仅是句子的语法，还有关系的语法。其中隐含的信息是，冲突有它们自己的生命，它们沿着自身的轨迹发展，经历一系列复杂的过程，使人们遭受挫折，并把人们推向注定的结局。

因此，叙事实践者与其探究争论双方是怎么发生冲突的，不如探究冲突是如何让他们深陷其中的。她会按照下列问题发问："冲突是否让你违背了自己更好的判断？""它在妨碍你的生活吗？""它说服你为对方考虑，还是让你说一些你并非真正想说的话？"

坚持使用这种语言，把冲突作为客观对象而不是人，有助于避免无意的指责，且中断了人们通常谈论冲突的言语模式。它还帮助人们慢慢地不再认同冲突本身。这样，他们就有空间去认同自己和别人之间不同的关系。外化通过把人和冲突分开，潜在地实现了这种转换。它把争论双方安排在一起并肩作战，共同面对问题，而不是使他们之间相互斗争。在这个过程中，外化使人们可以保留一些面子。

有时，为冲突命名的灵感会突然出现在谈话中。有人会说这样的话："太累了，我厌倦了整个的混乱状态。"一个训练有素的叙事实践者会注意到这个表达并询问"整个的混乱"在干些什么，它是怎样抓牢了冲突双方，践踏他们更好的意图，导致他们的关系产生摩擦。另外一些时候，冲突解决的实践工作者会明确询问双方，如果可以给冲突起一个名字，他们会怎么命名它？这里有个窍门，就是选择一个兼容冲突双方视角并描述冲突情境的名字，而不是只顾及某一方的感受。如果没有一个满意的名字可选,我们可以继续用"它""问题"或"争端"等类似的词指代冲突。

描述问题的影响

一旦形成了冲突的外化名字,就应该一直使用它。发展外化逻辑最好的方法就是开始描述冲突的影响。"地图"(map)这个词可以被当成一个比喻,也可以在纸上或白板上绘制一个图形。请注意,这里强调的是识别问题的影响,而不是辨别问题的原因。它涉及探究一个人如何受到冲突本身的影响,而不是受到另一个人行为的影响。这样做能使叙事实践者避免陷入任何指责的逻辑。

下面是一些问题样例,可以引导我们探究冲突的影响:

- 冲突让你有什么感觉?(而不是,你感觉如何?)
- 这整件事让你付出了什么?
- 它是否让你违背了自己更好的判断?如果是,它是如何做到的?
- 是什么说服你为对方考虑的?
- 它对你的健康(或者学习、人际关系)有什么影响?
- 这场打架是如何影响班上其他同学的?
- 如果事情继续恶化,可能在哪里终止?
- 它还在做什么?(这经常是所有问题中最有用的。)

这些问题的目的是邀请人们关注问题影响的范围和深度,之前它们从来没有被综合到一起。一旦人们注意到这些影响,就能激发人们产生坚定的愿望去改变事件的发展动态。探究问题的影响还能使人们有机会认识到冲突的情绪效应。如果以共情的方式去询问冲突对某一方的影响,能够给人一种被倾听的体验,同时冲突的另一方也可能对此给予认可和承认。如果这一切发生,争端的分裂性在一定程度上就被削弱了。

解　　构

　　叙事实践的另一个特征是提出解构的问题。解构的概念最初由雅克·德里达(Jacques Derrida, 1976)提出。它指的是把一个故事拆开,放慢它的速度,这样,那些一闪而过的意义就能得到梳理。在叙事实践中,外化语言的运用极大地促进了解构的发生。然而,人们有时对解构存在误解。解构并不是把所有的内容都拆成碎片,也不是分析各种组成要素。德里达明确表示,解构是打开意义的两极,这样其余的或新的意义就会出现。他还谈到了解构的动力通常早已潜藏在两极之内。

　　在调解的情境中,解构可以通过有策略地提问来探究事件的背景意义,而无须问责冲突中的任何一方。调解者担当了考古学家的角色,小心移除故事的表层,发现暴力背后的潜在诱因。这一点在"天真的询问者"精神中得到了最好的实现。调解者回顾事件发生的过程,寻求理解冲突背后的意义。当这些意义被展现出来时,人们对故事人物的话语世界就会有新的见解,背景文化叙事的作用也会显现出来。此时,文化差异和误会不是被看成过错或个人的缺陷,而是被看成可以承认并从中学习的合理经验。同时,冲突较小的支线关系动力能够被释放出来并发展壮大。下面的案例故事说明了解构如何转变冲突情境,并开启一段良好关系。

案 例 简 介

午饭后,谢赫(Sheik)被学校护士带到咨询师迈克(Mike)那里。他之前一直在哭,在护理肿胀的嘴唇,不断擦去嘴里伤口流出的血。他说,他在篮球场上和另一个男孩打了一架。咨询师告诉谢赫,他想知道关于打架的事,然后他要问谢赫一些问题,问完后他还会问另一个男孩同样的问题。谈话内容如下。

迈克:篮球场上发生了什么?

谢赫:他拿着篮球,我拦截了他,他的篮球丢掉了,就开始在球场追赶我。他追上我后一把揪住我,我也揪住他,然后他一拳打在我嘴上。我也用拳头揍了他好几下,他又还击。当时在场的很多学生都插手拉架,幸好如此,因为我真想揍扁他。

迈克:你和他打架之前有矛盾吗?

谢赫:没有,我们是同学,每天中午都一起玩,这件事是第一次。

表面上看,这件事似乎就是一个关于篮球的简单冲突,但是迈克认为这件事没有那么简单。他想知道追赶之前的拦截和随后拳击有什么意义。

迈克:是什么样的拦截?篮球不是一种非接触性的游戏吗?

谢赫:我就是开玩笑而已,我就像橄榄球赛那样抱住他的腰。他很快把球传给另一个人,然后他来追我,揪住我。

迈克:被那样揪住有什么不好?

谢赫：他抓住了我的《古兰经》。

谢赫说话的声音很低，迈克几乎无法听清。迈克想到，他正在说一个宗教象征物。

迈克：他抓住那个对你有什么不好？

谢赫骄傲地抬起头，手伸进满是血迹的衬衫，抽出颈上那根细红绳。红绳的下面是一个小小的复制品，似乎是一本圣书。

谢赫：看，它是我的《古兰经》。我妈妈给我的，她不允许我把它拿下来。她说，如果它碰到地上，我就会失明。那个男生揪住我时，他抓住了我的《古兰经》。我不允许别人碰我的《古兰经》。我怕《古兰经》被他扯掉，那样的话，就会掉到地上。我爸爸在阿富汗，我们有先知，我们的先知给了我们《古兰经》。

迈克：对于在学校打架，你的《古兰经》是怎么说的？

谢赫：我们不允许打架，我们必须保持和平，我们不允许惹麻烦。我只想和埃比尔(Abiel)和平相处。

迈克：能否让我叫埃比尔进来，我们听一下他怎么说这次打架？我们看看能否弄清他打架时在想什么。

埃比尔从门外进来，迈克示意他坐下。他扭头不看谢赫，紧绷着脸，脸色泛红。迈克猜想埃比尔一定很恼火。

迈克：请坐，埃比尔。我们需要谈一下篮球场上发生的事情。

埃比尔：我们正玩得好好的，他就突然拦截，抱紧我的腰。

迈克：他犯规了吗？

埃比尔：这是篮球！不应该碰触对方的。我简直要疯了，他来了个橄榄球的拦截。

迈克：谢赫说你揪住了他，他也就揪住你了。那样有什么不好吗？

埃比尔：他扯我的纽扣，我妈妈很讨厌我的衣服被撕坏。她说，如果我衬衫撕坏，她就要揍我。

两个男孩都没有意识到谈话中显露出的意义。这两个故事牵扯出他们各自尊敬的母亲，还有他们因此怎样去保护自己。他们有责任维护自己所爱的人，因此，他们准备无视打架的后果和学校的处罚。

迈克做了个深呼吸，然后继续处理这件事，他看着谢赫，他还在试图止血。

迈克：谢赫，你能不能向埃比尔解释一下，当他揪住你时，你为什么变得那么生气？

谢赫：因为你碰到我的《古兰经》了（他从衬衫里拽出系着《古兰经》的红绳）。这是我妈妈给我的，她告诉我，如果《古兰经》碰到地上，我就会瞎了。我以为你会扯掉它，所以我才这么生气。

埃比尔：我不知道你有《古兰经》。我当时想的就是，不能让你再扯坏我的衬衫，我很抱歉对你伸出了拳头。

谢赫：我也很抱歉拦截了你，我只是开个玩笑。

迈克：看上去你们两个谁都没有想打架，但是你们都有自己相信和捍卫的东西。你们更愿意保持什么样的关系呢？

埃比尔：我们可以做朋友。

迈克：你呢，谢赫？

谢赫：是的，我不想打架。我真的不被允许打架的。（他主动与埃比尔握手。）

埃比尔：好得很。

埃比尔轻轻抬起头来回应谢赫的友好。迈克知道，这两个男孩通过这些微妙的动作达成了和解。

迈克：明天上午我们再碰头，商量如何告诉那些目击这次事件的人，你们已经达成了长期的友好关系。我希望你们今晚想出最好的方式，我也希望你们把这次打架以及解决的过程告诉父母。我明天下午会打电话告诉他们，你们在处理这个问题上表现得非常成熟。但是，我想首先给你们自己一个机会。

第二天上午，迈克见了这两个男孩。

迈克：你们和父母谈得如何？

谢赫：这件事很难，我本不想告诉我妈妈。我知道她会生气，她开始的确很生气。不过，当我告诉她这件事的解决过程后，她平静了下来。我哥哥夸我做得好。

埃比尔：我妈妈也是这样的，因为她不许我打架。她说，这个世界太多仇恨了。我爸爸就是因为打架离开了我们。我想，她为我很好地处理了这件事而骄傲。

迈克：我们应该对那些目击者说什么？我们应该怎么说呢？

谢赫：我们不需要说任何话，我们继续一起打篮球，就像什么都没发生过一样。

埃比尔：是啊，这件事到此为止了。他们不会说什么的，如果他们非要挑起这件事，我们会让他们知道真相。

道　歉

有时候,人们以为道歉就能解决问题。当两个男孩握手言和时,埃比尔说:"好得很。"他们的道歉是真诚的,这些都是冲突解决所需要的。在这个学校的青少年中,这句话很常见,通常意味着冲突的结束。然而,他们的同伴小团体可能并不想了结冲突,并可能会挑起更多的麻烦。对于那些目击者来说,这样的冲突会不断给他们带来消遣。

然而,根据叙事的观点,道歉是故事中的一个事件。如果我们不去考虑如何使它适应一个大的关系故事,它就不会在冲突解决中发挥作用。我们发现,把道歉理解为新故事情节的开始,这对冲突的解决会更有用。它不是要结束一些故事,而是开启一些新的故事。这个阶段的挑战就是要询问一些更深层次的问题,从而产生更详尽的和平故事。

然而,我们应该避免把道歉当成一种要求。学生需要达成自觉道歉的意愿,而不是被迫这么做。我们会问他们是否准备好纠正错误,并向他人做出道歉。对另一些人来说,承认他们做的事情有问题,也等于他们有悔过之心了。我们也应该大度地接受这样的承认,并把它看作一个新故事的开始。

在这种情况下,咨询师让其他人参与进来,有助于强化道歉的作用。他提出一个计划,把那次打架的旁观者、拉架和阻止冲突激化的人,都包括在新的故事情节中。这种责任范围还扩展到这些男孩的家庭。咨询师做了个试验,让他们的父母参与重建破裂的关系。他告诉男孩们,他会打电话给他们父母,促使他们在问题和冲突解决时做得更好。他加入大量的观众见证这一变化,因此增强了道歉的持续有效性,道歉的意义也将继续发挥作用。

该计划包括了一些关键特征:首先,它具体详尽;其次,它控制在一定的时间内;再次,对于男孩来说有可能完成。它虽然有难度,但实现它是可能的。

他确保两个男孩用自己的方式与父母交谈,邀请他们进一步思考,如何用最好的方式告诉那些目睹暴力的人。

发展相反故事

这个案例不仅说明了对行为("拦截"或者"揪住")意义的解构,还说明了冲突故事向问题解决故事的转化。用叙事的术语来说,这个故事指的是"相反故事"(Lindemann Nelson,2001),它与冲突故事的方向相反。在上述案例中,两个男孩的反应被解构得很清楚,并且让对方有所见证。于是,迈克能着手创造一个相反故事。一旦他邀请两个男孩走进这个故事情节,它就聚集了自身的动力,走向一个不同的未来。

相反故事的打开是从迈克向两个男孩提问开始的。"你们更愿意保持什么样的关系呢?"他们的反应都是,希望有一个彼此是朋友、不要打架的故事。相反故事和冲突故事一样有发展的历史、当下和未来。这个相反故事的历史包括,在这次事件之前,两个男孩是朋友,他们都感到有责任为自己的母亲保护《古兰经》或衬衫。相反故事的未来是两个男孩对道歉的承诺,他们对维护友好关系的努力。家庭成员和朋友的见证是这个故事进展中重要的情节元素。

然而,还有很多不同的方式可以开启相反故事。双重倾听可以发现意愿故事的要素,即使在会话的开始阶段。在会话进行的中间阶段,可以询问问题故事中的例外(例如,"直到昨天我们还是朋友"),并通过进一步的询问得到发展。可以直接问争论者,他们是否想要这个冲突所导致的所有结果?如果问题变得更糟,他们是否介意? 如果有人说:"不,我不希望这样。"那么,就可以问:"你想要的是什么?"任何对和平关系的愿望、尊重和理解,都可以作为相反故事的开端。这个故事总是有其历史和未来,也有当下,每一部分都可以去探究。

通过探究人们不希望冲突更糟的理由和更想要的结果,可以进一步发展相反故事。在这个过程中,会话可以开启人们珍视的价值观、责任感和文化资源。例如,许多人都有自己的关系理想,诸如与他人合作、公平公正协商、抵制文化殖民、民主决策、对未来和平的希望、关心别人,等等。在充满冲突的故事影响下,这些有价值的承诺被掩盖了。怀有这样的价值观而行动方式与之矛盾,并不意味着一个人是虚伪的,只是说明存在多重故事。

叙事实践的标志是促进人们表达"最好的自我和意图",而不是让冲突故事支配人们的互动领域。通过冲突故事和相反故事的对比,扩大了人们选择不同目标的自由。当根据这些原则有效解决冲突时,人们就不会被紧紧束缚在冲突中了。冲突故事的压力也得到舒缓,其他未来的可能性也在开启。这种自由的实践潜在地创造了一个学习的氛围——不仅学习解决数学问题、练习语言艺术,还学习如何在学校和社会中做一个好公民。

小　　结

在本章中,我们概述了叙事实践的基本原则,还概述了叙事实践解决冲突的基本步骤:

1. 对冲突问题进行双重倾听。

2. 发展一种外化的对话。

3. 描述冲突的影响。

4. 解构冲突故事的意义。

5. 开启与问题故事轨迹不一致的相反故事。

6. 展示相反故事的历史、未来和现在。

7. 把相反故事理解为人们对价值和希望的表达。

8. 从相反故事中发展解决方案。

这些方法的原则和特征会在随后各章里以略有不同的方式呈现。这些章节会描述不同的冲突解决途径,每一种途径针对不同的情境或不同的问题。然而,这些方法的原则保持不变,因为它们表达的是一致的哲学观。

叙事实践的核心理念是对人尊重的伦理原则,认为他们本身就值得尊重,而不是根据缺陷论的假设来看待他们。人不是问题,问题才是问题。这一格言非常重要,我们将反复强调。

问题思考

1. 对你而言,叙事实践的突出之处是什么?

2. 你个人有过被缺陷论描述的经历吗?它对你有什么影响?你是如何接受它或者反对它的?

3. 把人们的生活看作具有多重故事而不是单一故事,这两者有什么不同?

4. 反思这句话:人不是问题,问题才是问题。它有什么含义?

5. 把道歉看作故事的开始而不是结束,这两者有什么不同?

问 题 研 究

1. 如果总是能考虑到相反故事的存在，校园问题的研究会有什么不同？
2. 如何把解构主义作为研究工具来使用？
3. 从校园冲突故事的档案收集中，我们可以学到什么？
4. 学校里发生的打架对在场的人和其他人有什么影响？

第三章
咨　询

本章内容

◎ 学校咨询不是治疗
○ 冲突辅导
◎ 叙事冲突辅导
○ 案例简介
◎ 解构规则
○ 创伤应对
◎ 小结

学校咨询不是治疗

很多解决冲突的工作需要在人们的对话中进行。如果冲突是一种关系现象,那么冲突解决聚焦于人们生活的关系维度,是有道理的。但是,并不是说很多冲突不能通过个体咨询来解决。学生在学校可以和咨询师进行颇有成效的对话,讨论他们将如何处理关系问题,要么避免冲突扩大化,要么解决已经出现的冲突。

然而,我们有必要暂停一下,去考虑咨询的局限以及如何使冲突解决适应咨询师的实践。在教育的背景下,我们主张咨询首先不是"治疗",而是"学习和发展",尤其是学习如何生活并与他人建立关系。(我们暂时放下咨询在临床范畴中是否也应该这么考虑的问题。)至少在学校里,如果咨询不是治疗,那么,它就不应该聚焦于缺陷诊断和治疗的医学模式。这样的定位不适合教育,对学习如何生活这一任务没有太大帮助。把医疗模式引入学校的趋势正逐渐增长,我们相信,咨询师和学校管理者都应该抵制这一现象。这可能意味着拒绝完全用医学诊断模式来解释学生的行为,例如,注意力缺陷障碍或品行障碍等。也没必要把这些诊断看成是错的,只是它们的作用在学校环境中存在局限。它们常常是一种以偏概全的描述,会产生很多意想不到的副作用;而且诊断会使所有人看不到它们除了解释作用以外的价值。它们还会束缚管理者,迫使他们采取过分简单的补救措施,学习诸如"愤怒管理"之类的技巧,以此来安抚教师和家长。

如果我们首先假设,学校咨询是帮助学生学习如何在学校环境中生活,通过学校生涯探讨他们的人生之路,这样,解决冲突的咨询就有一席之地了。它旨在帮助学生如何在遇到差异的情况下中建构自己的生活。冲突最终涉及的是差异,人们在现代生活中面临的最重要的挑战之一,就是学习如何与差异共存。

很多咨询工作是帮助人们处理与身份故事有关的内心冲突。这样的咨询与其说与调解(mediation)有关,不如说与冲突辅导关联更大。在本章中,我们重点关注心理咨询的几个方面,它们应该被当作学校整个冲突管理项目的核心部分。如果学校管理者了解这些咨询目的,他们可以更好地利用学校咨询师和心理学家的技能,使学生得到帮助。而且,如果学校咨询师和心理学家意识到这些特定的目的,那么当需要时,他们就可以为学生(有时也包括老师和管理人员)提供服务。

冲 突 辅 导

根据冲突解决的文献,冲突辅导(conflict coaching)是一个相对新的发展项目(Brinkert, 2006; Jones & Brinkert, 2008)。它的发展来自管理训练和辅导,考虑到管理者很大一部分的角色是在组织中进行冲突管理,这是有道理的。在这一点上,学校和其他组织一样。如果校长和咨询师之间建立了足够的信任,就可以要求咨询师充当教练的角色,帮助学校管理不可避免会发生的冲突。学校咨询师也可以做教师的顾问,指导他们进行班级关系管理。

我们接着要讨论的就是学生。学校咨询师常常听学生抱怨教师或其他学生。对相关人员来说,每一次投诉都意味着一次学习机会。通常最有用的选择是召集冲突双方,进行调解,或者在可能的情况下进行恢复性对话(restorative conversation)。可能整个班级的关系都受到影响,这时就需要进行圆圈对话。我们在本书随后的章节中将介绍这些方法。然而,有时投诉人不想与冲突对方坐下来商讨。有时候,另一方也不想参与共同的会议。抱怨者也可能希望为解决关系问题承担个人责任,只是需要一些支持。在这些情况中,冲突辅导都是一种可选方法。

例如,应对一个学生对老师的抱怨,可以按下面的顺序谈话:

"你对老师的言行不满,是吗?"

"是的。"

"你可以叙述一下发生的事吗?"

学生描述了发生的故事,咨询师仔细倾听,然后概述了她所听到的。

"如果我理解得没错,你和老师的关系不是你想要的,你希望事情有所不同。"

"是的。"(有时需要做一些工作才能达成这个"是的",尤其是当学生确信问题在老师而不是他和老师的关系的情况下。在此,我们要再次强调根据这一原则工作的重要性,即"人不是问题,问题才是问题"。)

"那么,在我看来,我们要继续下去至少有三种可能的选择。第一,你可以告诉我发生的事,就像你已经做的那样,把它们说出来一吐为快,那样可能就足够了。然后你可以离开,想清楚自己要做什么。第二,我们可以在这里谈话,不需要老师的参加,我们看看怎么从你的角度来改善你们的关系。如果你要修复任何已经造成的伤害,我们可以寻找一些办法。我们也可以制定一些可供你使用的策略,甚至是使老师对你来说变得更好的方法(冲突辅导选项)。第三,我可以邀请你的老师和你在这里见面,我们可以一起讨论如何解决你们的关系问题(调解选项)。你对这三种选择中的哪一种最感兴趣?或者你有别的想法?"

如果学生选择第二种,咨询师就需要实施冲突辅导策略。

叙事冲突辅导

我们已经有了一些冲突辅导模型,每一种有各自不同的理论方向(Jones & Brinkert, 2008)。现在,我们要详细描述一个叙事冲突辅导模型。琼斯(Jones)和布林克特(Brinkert)对这种模型做了一些概述,不过,我们这里要做一些扩展。

首先,我们需要重申一些原则。叙事冲突辅导始于这个假设:冲突根植于对所发生的事情的矛盾性叙事中。我们还假设,通过对一系列可能的情节要素进行选择,故事得到重塑,总有可能发展出不同于冲突故事的叙事。占优势的冲突故事很可能会被某种权力关系所控制,尤其当它通过一些主流话语来表达时。在优势故事的阴影下,总是会存在一些其他可能性的故事,其中一些是来咨询的人们更希望发生的故事。冲突辅导的目标是帮助人们把自己从优势的冲突故事中分离出来,产生出一些更喜欢的、与对方有关的关系故事。这一目标的假设是:如果叙事发生了改变,关系也会随之发生变化。

倾听故事

在冲突辅导的对话中,第一步是仔细倾听发生的故事,包括倾听情节事件,人物性格和所强调的主题元素。它涉及倾听从所有可能的故事中挑选出来的事件,以及这些故事元素的特定编排。这就是所谓的叙事。叙事实践还告诫我们需要实践双重倾听,既要倾听充满冲突的故事本身,又要倾听缺口、矛盾、例外和反抗优势冲突的表达。这些特殊意义事件(unique outcomes)随后会变成可能的支线故事切入点,但是,它们首先要被注意并且保存下来,以供日后使用。

随着谈话的进展,咨询师应该问些问题以便澄清人们所说的话,确认他们表达的感觉,概述他们所说的故事。咨询师还应该开始用外化语言把发生的事情归因于问题本身,而不是所涉及的个人。咨询师需要对问题故事及其产生过程中起作用的各种力量进行解释说明。

一些人可以进行连贯的自我叙述,另一些人则需要被问一些问题,才能使他们的故事产生一定程度的连贯性(Cobb,1994)。年轻人尤其如此,很少被要求为自己说话的人(除非他们正陷于麻烦中)也是这种情况。另一方面,教师更有可能清晰地表述故事,用有组织的段落呈现出来。这种差异与其说是智力,不如说是实践的结果。那些从来没有学过讲故事的人,可能从故事的中间提及一些简要事实开始。这时,咨询师就需要帮助他们从杂乱的情节事件中概括出一个故事。咨询师的询问方式一定要是好奇和"天真"的,而不是审问式的。不应该低估帮助人们建立故事连贯性的重要性,它体现了一种很有用的指导功能,关系到提高人们在情境中的主观能动性。

下面是一些可以用来解释冲突的提问样例。在冲突辅导的这一阶段,咨询师需要准备提出以下问题:

1. 告诉我冲突是如何发展的?在冲突的发展过程中,你和对方采取了什么行动?
2. 冲突第一次发生在什么时候?在这之前你们之间是怎样的情况?
3. 事情有一个明确的转折点吗?还是说渐渐在发生变化?
4. 冲突是怎样掌控了你们的关系?
5. 哪些因素使问题发展到现在的地步?
6. 你是怎么选择这样做的,这样做又会导致对方下一步怎么做?
7. 你对此是怎么反应的?他是怎么反应的?你接着又做出了什么反应?

探究复杂性

故事的基本情节要素浮现出来后,扩展故事的范围很重要。咨询师可以提出一些问题,要求当事人跳出最初的视角,构建一个更复杂的故事。在调解中,这种复杂性来自包容另一方的描述;但在冲突辅导中,它得通过设想另一个人的言谈来达到,或者至少通过邀请人们总览整个冲突故事。提出这些问题的目的不是说让人们放弃自己的观点,或者为别人的幸福承担责任,而是在他们的故事中引入更复杂的因素,因为较大的复杂性能增加新故事元素的可能性。下面的问题样例可以帮助我们实现这一目的。

1. 你会怎样描述你们之间的互动模式?

2. 你在假设什么？猜想一下对方在假设什么？

3. 如果 X 现在和我们一起，你认为她会怎么说这个故事？她会强调与你不同的东西吗？

4. 你希望从这一切中获得什么？你猜想另一个人希望得到什么？

5. 如果你是 X，你会怎么说你刚才说的事情？

6. 如果有人目睹了发生的一切，他会怎么想？

7. 你所做的与你想成为的人相符合吗？她所说的与她想成为的人相符合吗？

8. 根据你所说的，我很费解为何她会那样说。你能帮我理解这一切吗？

9. 你认为雅各布斯（Jacobs）女士要做一个更通情达理的老师，需要明确知道些什么？

这些问题揭示了更多的复杂性，解构了对问题故事过分简单和单一的解释，并提供了一种可能性，使学生能够质疑与冲突对方有关的想当然的假设。这使他们成为自己生活的研究者，能够探索这些独特思维方式的影响。我们不指望学生可以从他们的文化或任何故事情节中抽取出来，我们也不认为他们可以以某种方式游离于学校的组织和纪律之外。

然而，当他们变得更能理解名誉或身份带来的微妙压力和期待时，他们就能更自由地考虑其他选择，这将使他们更容易和别人相处。这种拆解故事的过程，能够进一步帮助年轻人监测他们思维和行动方式的影响，并为他们成长和发展提供更多的可能性。

案 例 简 介

一个学生被带到咨询师那里,因为他被科学老师赶出课堂。这位老师教学业绩优秀,最近刚从印度移居新西兰。新西兰人亲切地称自己为"几维鸟"(Kiwis,新西兰本地的一种鸟)。这个学生跟老师说,她不是"几维鸟",因此被老师指责为种族主义者。当他被赶出教室时,他无法理解这一切。他再也不想回到那个教室了,虽然他很喜欢科学,而且之前和这个老师相处得很好。他早就有"笑星"的名声,咨询师听说老师这么严厉地指责他,感到很惊讶。

"你怎么被赶出教室了?"咨询师问他。

"我们上课上得好好的,大家一起很开心。我们正在学习几维鸟在晚上时的状态,"学生解释道,"老师说几维鸟在晚上睡觉,我就开了个玩笑,我口无遮拦地说,'你怎么知道的?你又不是几维鸟。'她很当真地批评我,说我没有权利告诉她,她不属于这里,然后就把我赶出教室了。我不知道我错在哪里。"

咨询师猜测,科学老师认为学生的话关乎她的国籍,而这个男孩并没有这么想。

"你知道她是刚从印度来的新老师吗?"咨询师问学生。

"知道。"他回答。

"当你说'你不是几维鸟'时,你认为她会怎么理解你的意思?"

学生想了一会后微笑着说:"现在我明白了,她认为我说她不是几维鸟,是说她不属于这里,但我的意思是,她不是一只鸟。"

"现在你知道老师的想法了,你认为你需要做什么?"咨询师问。

"我会去她的办公室向她道歉,她是个好老师,我只是没料到她会有那样的反应。"

命 名 问 题

为问题故事制定一个双方同意的名字,有助于开发外化谈话的任务。然后,它就能用作问题故事的名称了。反复使用这个名字,能让咨询师避免无益地加入任何一方的故事。当听到的故事已经充满火药味时,这么做尤为重要。关键是问题故事的名字应该由咨询师和来访者协商确定,而不应该是咨询师说:"我的想法是我们应该把这个问题叫作什么。"

有时候,问题故事的名字会突然出现在会话中。在另一些情况下,需要做一些工作来解决命名的问题。也有可能会借助一个通用名称,例如"冲突"或者"问题",甚至就是"它"。如果看上去没有更合适的,这样也没什么错,但是稍微做些坚持,就可能发现更合适的名字。所以,"问题"这个名字可以变成"最后的挣扎""争论周期""物理课",或者其他什么。

合理的命名应该指称情境,而不是指称人,也不应该指称某个人产生的情绪体验。例如,"愤怒"不是一个很有帮助的名字,因为它只是存在于一个人内部,并没有包含双方对于发生的事件的体验。像"可怜我"之类的名字也不是很有效,因为它把问题故事中所有行为的责任都推到了一个人身上,这样实际上就把叙述者置于无力的状态中。因此,命名问题故事时不能仅仅考虑一个人的观点。

下面的一些提问有助于形成问题故事的名字:

1. 如果我们要为面对的这件事取个名字,应该叫它什么?

2. 我们可以把目前引起你们之间所有问题的情况称作什么?

3. 发生的事是什么?是争论吗?或紧张?或者是持续的恼怒?或者别的什么?你们会怎么指称这件事?

4. 如果要描述一下你和老师的关系,怎样用一两个词表达它,并在以后可以用这个词指代,而不需要反复再讲整个故事?

描述问题的影响

一旦解决了命名,外化对话的过程中就需要一直用这个名字。当事人自己是否用这个名字并不重要,尽管很多人都会理解它的作用。更重要的是咨询师(或冲突教练)这样做。命名之后,最好的方法是在接下来的句子中立刻用这个名字,然后询问它的影响。在这个过程中,外化的语法变换能开启思维的转换。

询问问题的影响,目的是描述冲突造成的伤害。通常,人们在回答这些问题之前,并不完全知道伤害的程度。提问应该覆盖冲突问题在所有方面的影响,可能包括情绪体验方面("它让你有什么感觉?"),认知方面("它使你产生了什么想法?"),关系方面("它使你对另一个人说了什么?"),实际行动方面("它让你做了不符合你性格的事吗?"),身体方面("这个问题对你的身体有影响吗,例如头痛、恶心、肩膀痛、失眠?")。在探究完这些冲突的影响之后,需要反复问的一个问题是:"还有什么影响?"

冲突的影响也会反映在时间维度上。因此,我们可以询问在过去、现在和将来可能存在的影响。关于将来的影响,提出以下问题常常会激发人们产生某些形式的改变:"如果事件继续发酵,可能比现在更糟,你认为会发生什么?你能忍受吗?那会是什么样子?"

描述问题的影响也能扩展到其他人,包括冲突的另一方,以及旁观者和见证者。考虑冲突对争论中另一方的影响,这可以加强共情的氛围,提高解决争端的动力。

评估冲突的影响

充分描述冲突的影响后,接下来就可以要求学生对这些影响进行评估。这些影响是可以忍受的,还是想要发生一些变化?如果有变化的愿望,这个愿望有多强？要求做出评判时，不是评判冲突的另一方，也不是评判自己，而是评判冲突问题及其对人们生活的影响。这个问题不需要花多大心思，问过之后就继续下一步骤。虽然描述问题的影响多花费一点时间可能有用，但这个步骤就像是打开一扇门，然后穿过这扇门。如果有人做出判断，不能接受冲突的影响，就可以详细询问她为什么做出这样的判断。当她回答"为什么"的时候，她自己就会阐述想要发生变化的理由。下面的问题范例可以在谈话中使用。

1. 你怎么看待这个问题产生的影响？你觉得这样可以吗，还是说它们让你很烦？
2. 我想问一个可能显而易见的问题，你介意这些问题的影响吗？
3. 你能忍受这个问题的影响吗？还是说你已经忍无可忍了？
4. 你对冲突有什么反对意见吗？
5. 为什么你不喜欢问题造成的一切？
6. 你愿意这件事有所不同吗？如果是，希望有怎样的不同？

收集支线故事

到这里，冲突辅导任务变成了收集人们更喜欢的另一种关系故事，并把它放在一个可以发展的环境中。然而，就像幼苗一样，一个脆弱的故事需要受到保护，避免受到舆论风暴的打击；它同时还需要得到精心的培育和灌溉。

在冲突辅导中，和个体咨询关注个人的身份发展有所不同，这个阶段的会话重点还是保持在关系上。重要的问题不是"你自己更想要什么"，而是"你更愿意和对方的关系是怎样的"。叙事实践基于这样的原则：改变关系故事将会带来关系体验的变化，而不只是通过情绪宣泄来实现关系的变化。

第一步就是确认当事人更想要的关系故事。双重倾听很有可能已经让这些故事情节浮现出来。如果没有,咨询师可以直接询问。在前面提出"你更想要什么"的问题后,可以进一步提问,把这些更想要的愿望与具体的生活经验联系起来。询问"以前就是这样的吗"这个问题,能查找过去生活中的支线故事;过去的支线故事经验离现在越近,就越有帮助。很久以前的不同关系故事经验,也可能因太久远而不能建立关系。

支线故事也可以与当下的经验联系起来。在冲突的混乱中,人们能基于不同的道德或价值观做出决定,这些价值观没有受到冲突故事的污染。他们能抑制最糟糕的想象或行为,对抗冲突故事的逻辑(它只会增加敌意),以冲突故事无法预言的方式行事。他们能够怀有比当前更友好的意图。

不管是过去还是现在,支线故事的动力都可以定位到期待的未来。通过恰当的提问,它就能表达为对更美好的事物的希望。这样的希望需要表达出来,然后使它完全充实。正如之前阐述的那样,表达的希望可以通过采取行动来实现。谈话的方向也可以发生转变,使可能性转化为现实。

解构规则

通常情况下,青少年与成年人的冲突集中在对"规则"的争辩上。这些可能是家庭规则,青少年表示抗拒,试图维护自己不断发展的身份;也许是学校规则,青少年发现它们很烦人,或者不知道为什么要有这些规则;或者是社会法律和规则,青少年在努力寻找生活激情时与之发生冲撞了。

青少年与成年人的冲突常常涉及对规则的维护,而不是规则本身。但是,有时规则本身的存在似乎是为了压制犯规的人。有时候,学生有正当理由抱怨过激的、选择性的或惩罚性的规则监管。但也有一些时候,学生对规则的反思可能会变成混乱的反叛,并且滋生出没有经过深思熟虑的反抗立场。

在这些时候,一场有效的咨询对话可以聚焦于解构规则本身的意义以及学生与规则的关系。对话的目标不是一定要使人们服从,而是与学生的想法接轨,邀请他们进一步审慎反思,然后做出抉择,而不是直接反应。通过好奇和富有同情心的提问,几乎所有儿童和青少年都能构建出关于理性和责任的故事。有时候,这个故事尚未发展好,仅仅是因为很少有成年人愿意参与其中。因此,当学生被问到问题时会很惊讶,也可能会感到尴尬,难以坚持这场对话。然而,我们因此更需要邀请他们参与。

我们再声明一下叙事原则:任何人都拥有多重故事,我们进行哪一种对话决定了哪一个故事占优势。如果把人看成善于思考的,并对其提出一些问题,就可以恰到好处地引导出相应的故事。如果把人看作不负责任的,不能予以信任去表达一些有价值的想法,那么结果一定会令人遗憾。

如果方法合适,咨询对话可以在引导并产生负责任的关系行为方面起到有效的作用。为实现这一目标,咨询师一定要乐意对年轻人的观点显示出真正的好奇,而不是借助于提问,引诱学生得出一个"正确的答案"。另外,学校管理者要信任学校咨询师能进行这样的对话,能够引出学生最好的身份故事。这样的对话可能比惩罚更有效,后者常常会产生怨恨的副作用。

下面是一些问题样例,它们开启了对规则的解构式探究。每一个问题实际上代表了一类提问,而不是一个单独的问题。

你们家最明确或最厉害的规则是什么?

谁会实施这些规则?它们是怎么被实施的?

你和朋友都有些什么规则?

哪些规则是默认的?(帮助学生思考默认的规则是如何形成的,例如,

"当某人要求你打架,你总是答应,不管结果是什么吗?")

潜在的规则是如何显现的？它们是如何起作用的？

谁从这些规则中获益最多？谁的损失最多？

这些规则来自哪里？规则背后有故事吗？如果有,谁会知道？

如果这些规则受到挑战,会发生什么？

当人们不接受这些规则时,会发生什么？

如果有你不喜欢的规则,你会怎样改变它？

在下周宣布你停课之前,你有机会使学校改变规则吗？

按照这些提纲,针对青少年遵守的规则进行解构对话,能让学生意识到他们知道但并不知道自己知道的内容。用开放和好奇的方式帮助学生了解他们的世界,这样做是对学生极大的认可和确认。很多学生说,以前从来没有成年人用这样的方式跟他们说话。青少年常常会这么说:"我从来没有这么想过。""我没有意识到她会那样想。"

青少年的冲动和一些人对暴力的默认,成为很多讨论的参考点,这些讨论包括"保全面子和丢脸"、行为的后果,以及对特定故事情节的猜想等。回顾冲突和争执的历史、找出支持这些结论的态度,以及抛弃威望、特权和地位假设的对话,都能创造强大的机会去挑战"当前的状况"。这些新的挑战并没有脱离学生的学校环境或文化背景,而是牢牢扎根于他们的同伴关系,回顾他们以往的合作,并与他们所认同的学校积极价值观保持一致。

创伤应对

学校有时需要对学生遭遇暴力事件的反应给予支持。严重的创伤事件包括自杀和致命的车祸,不过,如果造成悲剧的事件源于人际危机,它们也在本书的讨论范围内。我们这里谈论的是对学生个人的严重攻击、校园枪击、武器威胁、强暴、性骚扰,以及教师虐待学生等,这些都是暴力行为导致严重伤害的情境。在这些情境下,冲突解决并不是一个好的选择。很多讨论都提出预防是更可取的,但有时候要暂时放下这一选择,我们现在要说的是**事后干预**,而不是预防。

在这种情况下,提升学业成绩这一学校生存的核心目标已经受到严重动摇,至少在一些学校中是这样。对那些受到直接影响的学校来说,通过考试、完成家庭作业、保持优异的学习成绩、完成学业目标,这些都突然从优先考虑的目标行列中往后排,而另一种学习——学习如何处理个人和社会危机,变得日益重要。有时候,不负责任的学校领导会假装这个危机没有真正发生,认为这种学习不重要,学校应该继续将重心放在课程、作业和考试上。但学校领导应该认识到,更有益的做法是,对于某些学生来说,情感支持的基本需求至少暂时优先于学业成绩的需求。

一所负责任的学校会关心学生和教师在这种情况下的反应,它会提供指导性和结构化的途径,用尽可能最宽慰的方式引导他们。它关注事件的含义,采取行动来控制流言,促进必要的沟通,使人们勇敢面对令人不快的真相,促进最有益于个人和社会复原的意义建构。在这个时候,学校管理者和咨询师的作用非常重要,很多学生和教师都期待果断且富有同情心的领导者。

对学校来说,最有用的想法之一是建立危机团队来管理危机。该团队应该由学校管理者、辅导人员和社会各界领导组成,首要任务应该是协调所有力量确认学生、教师和父母的需求。一旦确认好这些,团队要设计合适的应对措施,组织提供咨询和其他服务(从学校内部或者外部获得),引导学校社区的成员相互对话,讨论事件的意义。应该重点强调获取有抚慰力的资源和有恢复力的故事。传达到学校共同体的总体信息应该是,学校愿意面对危机,不畏惧学生和教师的反应,准备应对当前的情况。这样,痛苦就能及时被抚慰,而不是被不必要地拖延。学校应该提供辅导,使学生从困境中有所收获,特别是对于他们以前没有遇到过的事件。例如,一个学校的学生去世后,他的家人在葬礼上组织了一个天主教的安魂弥撒,学校安排了一个天主教职员给参加葬礼的学生解释这个弥撒进行的议程。危机团队应该每天分享必要的信息,及时应对变化的形势,并对严重事件的后果做好计划。

学校咨询师需要成为学生个人、群体甚至整个学校受创伤事件影响的"第一反应者",为此,有必要考虑一些有效的实践原则。虽然有大量关于危机反应(有时叫"危机事件报告")的文献,但有人对这些文献提出了强烈的批评,尤其针对使用"缺陷论"来看待人们的做法,以及关于"再次创伤"实践带来的危险。这些实践假设,让人们进入创伤的余波中,尽可能完全回到创伤情绪的体验——也许需要多次重复,可以产生宣泄的作用或者达到从创伤影响中脱敏的效果。而针对创伤经历的叙事实践特别注意避免这类方法带来的危险(Denborough,2006;White,2006)。本书不可能非常详尽地阐述这方面的问题,但是,我们完全有可能提出一些概要性的原则,以便为实践者提供一个可以做出迅速反应的简单框架。

第一原则是实践双重倾听(White,2006)。在这一情境下,双重倾听意味着既要听到创伤事件的痛苦和消极影响,同时,还要听到人们应对创伤的努力,这些代表了他们所重视或珍惜的东西。这里的假设是,人们在生活中不是被动地接受创伤影响,而是积极地选择如何应对创伤。在此,仍然有必要提供机会让人们谈论发生的一切以及创伤对他们的影响,不能低估描述创伤事件对人们自我意识的影响(White,2006,2007)。

然而,如果只关注创伤事件的负面影响,就会把人置于崩溃和孤寂的状态,结果会放大这些影响,使他们感觉更糟。另一方面,人们做了很多事去面对创伤,他们寻求对创伤的理解、获得别人的安慰、向他人伸出援手、控制创伤的不良影响、提高自己的复原力。当他们在咨询中细数创伤的消极反应时,他们也可能说出为减轻压力所做的努力,以及不想完全被创伤反应控制的愿望。双重倾听把这些表达看作一个不同故事的开始,然后仔细询问故事中体现的价值观,他们珍视什么,是什么支撑他们度过那段黑暗的日子。

另一个关键原则是,把大家聚在一起相互支持,而不是设想人们需要独自处理危机。组织团体咨询、召开班会、举行专门的会议等都可以起到作用。建构有复原力的支线故事,需要团体的反应充当脚手架。这个团体可以见证相反故事的发展,并把它们组织进学校社区的关系中。琼斯和布林克尔(Jones & Brinkert, 2008)将此称为组建"故事小组"。怀特(2006)提到了参与"界定仪式"(definitional ceremonies)的"局外见证人"(outside witnesses),他们有机会与其他人的经验产生共鸣。

为了给咨询师在面对危机时提供紧急援助,我们将呈现一份可以进行系列询问的问题清单。这是一份很简短的清单,我们建议咨询师还要阅读其他文献。这些问题来源于好几个方面的资源,我们推荐迈克·怀特(2006)关于治疗创伤者的著作,大卫·登伯勒(David Denborough,2006)关于创伤团体治疗的著作,还有麦肯齐(McKenzie,2010)关于目击创伤事件的员工心理援助的文章。

记录创伤及其影响

1. 你能告诉我对你有影响的创伤(或事件)吗?

描述创伤的影响

2. 你觉得这件事对你的自我感觉有哪些影响？对你的学习呢？对你的人际关系和友谊呢？这种压力是怎么表现的？

3. 最严重的影响有哪些？为什么它们如此严重？

4. 这次经历让其他人注意到你有哪些变化？

寻找相反故事

5. 你是怎样忍受这些影响的？你认为是什么帮助你渡过了这个难关？你还记得哪些事情？

6. 谁在支持你？你正和哪些人接触？这些支持意味着什么？

7. 因为这件事很不同寻常，你认识的人中有谁愿意每天和你谈论它？

8. 在这次事件中，别人对你说过或做过的最有用的事情是什么？

9. 在这几个星期里，帮助你重新平静下来的最重要因素是什么？

10. 过去的哪些经验会帮助你应对这件事？

发展恢复性故事

11. 为什么没有被所发生的事情完全击垮很重要？

12. 你怎样成功地减少了创伤的影响？哪怕是暂时的，你是怎样学会这么做的？

13. 坚持什么样的价值观或承诺更重要？

14. 如果有人也遭遇了类似的经历，你对他有哪些建议？

小　　结

　　这一章是关于咨询在冲突解决中的作用。它始于这样一个理念：学校咨询最主要是学习而不是治疗，尤其是学习怎样与别人相处。我们概述了一种冲突辅导的方法，以便咨询师与冲突中的一方工作时使用。这种方法开始于双重倾听，然后是外化，描述冲突的影响，评估那些影响，收集支线故事。我们也讨论了咨询如何解决年轻人对规则的不满和反抗，我们在这里提倡解构式而不是专制式的对话。然后，我们讨论了学校团体中关于创伤事件的咨询，避免让人们在重述创伤故事时再次遭受创伤，取而代之的是构建恢复性故事。我们还提倡在危机发生后组建危机小组，以便管理学校社区的反应，确定个人和群体的需求。

问 题 思 考

　　1. 你是如何看待医学话语在学校话语中日渐流行的？这带来了什么影响？

　　2. 回想你在学校经历的一次小冲突，回答冲突辅导部分的问题。这些问题对你有什么影响？它们给你带来什么不一样的体验？

　　3. 想象在你学校里发生的一次创伤事件（或者回忆一次实际发生的）。谁是处理这次事件的危机团队中的关键人物？

　　4. 回想你受到影响的一次创伤事件。通过上述"寻找相反故事"和"发展恢复性故事"来解决问题。注意这些问题是如何发生作用的。

问题研究

1. 当前学校里发生作用的"以偏概全"的话语是什么?话语分析如何阐明这些话语的作用?

2. 在一所学校,创伤危机管理的成功实践由哪些要素构成?

3. 学生是如何谈论学校规则的?如何谈论家庭规则?又如何谈论同伴群体的规则?

第四章
调　解

本章内容

◎ 寻找支线关系故事
○ 冲突调解的步骤
◎ 案例简介
○ 小结

寻找支线关系故事

在冲突解决领域中,调解是一种得到公认的实践方式。本章介绍了一种调解方法,可以供学校咨询师和管理者学习和运用,它尤其适合于两个人或两个群体出现争论的情境。在学校里,学生之间、师生之间、教师之间、教师和家长之间、教师和学校管理者之间,都有可能会发生争论。调解者为争论双方提供"谈判协助"(Kruk,1997),但把任何结果的决定权留给他们自己。这些结果可能是通过谈判解决分歧,或者是经过交流增加了解,而不需要任何正式的协议。

对学校咨询师和学校管理者来说,常常需要接待一些发生矛盾的学校社群成员。这时,就需要召集双方进行深入交谈,解决争端。为更好地担负起这个责任,学校咨询师和管理者有必要培养相应的技能和工作思路。本章的目标就是通过运用贯穿本书的叙事隐喻,给这两个专业团体提供调解的框架。

叙事调解方法(Winslade & Monk, 2000, 2008; Winslade, Monk, & Coter, 1998)以重新构造一个关系故事为基础,而这段关系曾经陷入冲突的故事中。该方法假设:如果人们经常感受到冲突的痛苦,他们会更愿意有不同的故事。我们可以给这个不同的故事一个名称——支线关系故事。它更和平、更具理解力和合作性。因此,调解就是要帮助人们从痛苦的冲突故事中分离,投入到他们更想要的支线关系故事中。

为了实现关系的转换,叙事方法不是通过探究潜在的利益来解决问题(Fisher & Ury, 1981; Moore, 1996),相反,它力求将关系故事转移到一个新的立足点。这样,矛盾双方的争议就能在一个不同的故事中得到解决,它比冲突故事更加理想、令人满意和使人振奋。

叙事调解进行的前提是,人是多元而非单一的故事者(White, 2007; Winslade & Monk, 2008)。人们的关系也是如此,关于一段关系的任何一个故事都只是众多可能故事中的一个。让冲突看起来不可避免或合理或至少可理解的故事,可以被理解为一种符合主流论述的叙事,而不是对冲突双方关系本质的叙述。如果我们想去寻找,就会发现冲突故事的阴影里常常存在其他关系故事,它们被冲突故事的主导地位所压制(White, 2007)。叙事调解的目标就是要从遗忘中解救这种居下位的故事,让它们从曾经陷于冲突的生活中复原。

冲突调解的步骤

正如其他方法一样,叙事调解的第一步是倾听冲突故事。调解者的工作是以一种有利于冲突故事表达的方式倾听,认可冲突双方,通过提问引出故事,概述听到的内容并不断确认其准确性。另外,还有一种特殊的叙事技能叫"双重倾听"(既听问题故事也听相反故事)。在谈话的初期,相反故事常常是微弱的,但它隐含在人们寻求一种不同对话的希望中,也隐含在他们在谈话现场的每一个举动中。

叙事调解的第二步是形成外化对话和描述冲突故事的影响。给外化的冲突故事命名时,应该体现双方的经验,不能只重视一方而忽视另一方。命名通常指称争论、压力或情境。不管选择什么名称,应该和双方协商,而不是由调解者拍脑袋决定。描述冲突故事的影响时,应该考虑它的长度、宽度和深度。长度指的是时间("它发生了多久?"),宽度指的是问题对生活不同方面的影响("它的影响有多广?你是如何控制它不影响其他事情的?除了你自己,谁也受到它的影响了?"),深度指的是它影响的程度和严重性("它的影响有多强烈?受到它的影响后,你的状况有多糟?")。

叙事调解的第三步是评估冲突故事和它的影响,并确立对不同故事的偏好。虽然这个步骤很简单,几乎不用一分钟就可以完成,但它在关系重塑的过程中很关键,具体步骤包括探究双方如何看待冲突和它的影响。调解者邀请冲突双方对故事本身而不是对彼此做出判断("你能接受所有这一切吗?你能容忍它吗?你希望事情是不同的吗?如果是,你更愿意事情是怎样的?")。不管人们说出什么愿望,它都打开了与问题故事相对的相反故事。

叙事调解的第四步是进一步丰富所偏好的关系故事。可以追溯故事的历史("过去什么时候出现过你希望的事?")和拓展它的将来("如果将来出现你希望的事,它应该是怎样的?"),还可以发展行动蓝图("你能举例说明一下你更希望看到的行动吗?")和意义蓝图("那个行动的意义是什么?它有什么不同?")。当冲突双方开始确认相反故事时,可以要求他们进行论证("为什么你更愿意是这样?它更符合你的愿望吗?它是怎么符合的?")。相反故事也可以通过对它命名而得到巩固,命名对故事中的细节起到了提纲挈领的作用(例如,"文明对话""良好气氛""合作")。

叙事调解的最后一步是邀请人们在相反故事的氛围中,进一步协商在哪些方面还需要达成一致。和其他的协商方法一样,协商的议题首先应该集思广益,然后再对这些备选办法进行评估,看它们是否有可能构成协议的要素。

案 例 简 介

我们在上文中介绍了叙事调解的过程,但它只有在现实的冲突情境下才能真正发挥作用。因此,我们将介绍一则发生在校园里的调解故事,它是由学校咨询师处理的两个高中男孩的打架事件。

对于高中学生打架,传统的处理方法是惩罚当事人。然而,惩罚常常无法保证冲突的解决,而且会产生不必要的副作用(学生会愤恨权力当局、疏离于学校、有报复的可能、职业发展受挫等)。针对这些问题,可以考虑选择调解的方法。它能修复关系,使冲突得到更有效的解决,而且没有后遗症。

下面这个故事发生在新西兰一所高中,两个男孩一言不合就打起来了。于是,他们被送到咨询师那里,参加了一次调解会话。通过这场对话,两个男孩重新定义了他们的身份,使他们更有可能实现在学校取得成功的希望。

迈克·威廉姆斯(Mike Williams)是负责调解会话的学校咨询师,故事是从他的视角来写的。为保护两个男孩的隐私权,替换了他们的名字,也获得了他们对出版这个故事的许可。

我有意打开办公室的门,这样两个男孩来的时候,我就能跟他们打招呼。

当他们到达时,我迅速扬起眉毛,用波利尼西亚人的方式跟他们打招呼,并示意他们坐下。

"你们好!"我微笑着,"你们没有陷入麻烦,只是有些事情需要我们处理,我猜你们正期待这次见面吧?"

"是的,副校长说你要和我们谈话。"高点的男孩回应道。

两个男孩目空一切的样子,头昂得高高的。我微笑着,因为我想,保护他们的"马那"(mana)对他们俩来说很重要。("马那"是波利尼西亚人尤其是毛利人的一个概念,象征着一种值得尊敬的地位。它部分是天生的,也可以在社会环境中形成。)

他们在教室里相对而坐,互相不看对方,房间里充满紧张的气氛。

"你说要见面谈一下是对的。"我解释道,"但是,实际上我宁愿你们想找我谈,而不是我找你们谈。我听说你们几乎要打起来。"

"是的,"另一个男孩说道,"我可以揍扁他的,但是我没有。"

两个男孩没有心情讨论任何事,但是我坚持不懈。

"我想知道这件事是怎么发生的,我在工作中研究打架很多年了,我很想听听这件事。"我说道,"我猜你们俩都觉得奇怪怎么会来到我这里,怎么会不知不觉摊上打架这桩事,你们并不希望发生这事,是这样吗?"两个男孩微微点头。

外化对话

这里,调解者通过叙事外化技术把冲突双方置于冲突起因之外。冲突本身被客体化,说起来好像是它设计了冲突双方,而不是它源于任何一方。调解者把打架说成是"不知不觉摊上",这种谨慎和非责备的语言可以给当事人保留一些面子。调解者拒绝偏向冲突中的任何一方(或者是学校当局),努力给孩子们叙说自己独特故事的权利。

"当我们像这样会面时,"我继续说道,"我通常让人们一个个地发言,告诉我所发生的事情。然后,我们寻求解决问题的方案,找出前进的方向,你们觉得这样如何?"

一阵沉默。

"你是约书亚(Joshua),你是杰里米(Jeremy),对吗?"
"是的。"他们都回应。
"你们俩之间有一些矛盾,是吗?"我问道。
"我根本就不认识他,"约书亚说,"我没有上过他的初中。"

我和蔼地看着两个男孩。

"谁先开始呢?"我问道。
"嗯,星期一,我和同学走在B楼的转弯处,他盯着我看。"杰里米说。

这个"盯"一定有更多的意思!但是我把这个想法暂时保留住。

"然后发生了什么?"
"我只是继续走路,不知道他是不是要打架。我的同学说他看上去要打架,然后他们问我是不是要揍他?"杰里米说。
"他们那样说,你怎么想?"我问道。
"哦,我不确定他是不是要打架,但是,他们说他想要打架。"杰里米回答。
"然后呢?"
"我走到他面前,揪住他的衣领,问他是不是要打架。"杰里米解释道。
"他说什么?"我问道。

"他说他没想要打架,但是,我敢肯定他在撒谎。"

"你撒谎了吗?"我看着约书亚。

"没有,"约书亚说,"我是不被允许打架的,我是个拳击手。"

"如果你打架了会怎么样?"我问道。

"嗯,如果我在学校打架,我就得退出俱乐部。"他说,"我有21次拳击,19次是完胜对手,2次是点数胜。"他骄傲地说。

"那些数字意味着什么?"

"它意味着我代表俱乐部打了21场比赛,全部赢了。"

我注意到当杰里米听到这些话时,脸上出现了一丝惊讶的表情。

"我很抱歉,"我解释道,"我好像离题了,我没有给你一个说故事的机会。"我对约书亚说道。

"事情很简单,"约书亚说,"我正坐在长凳上,这两个人走到转弯处,他们的背后有阳光。我想,我可能认识杰里米,但是他在太阳光下很难看清,所以我眯着眼睛看他。"他解释道,"我只是看着他,不是像他说的那样。"

"然后发生什么了呢?"我好奇地问。

"他和那些男孩走上来,我站起来迎接他,然后他就揪住我。这时老师过来阻止了我们。我没有要和他打架,我是不被允许打架的。"

双重倾听

在这个案例中,调解人倾听了双方的故事。像很多冲突故事一样,它表现出讲述人狭隘的立场(Winslade, 2005; Windlade & Monk, 2008),使得双方都感觉是被迫的。调解者倾听了问题故事,同时也留心倾听支线故事,尤其是反对暴力的内容。约书亚的最后一句话表明了支线故事的开启。调解者没有继续询问打架的动机(那样可能会使打架看上去理所当然和不可避免)。他故意转移话题,询问相反方向的故事情节。他没有以权威自居,试图让男孩信服正确的言论,而是对可能使双方产生改变的知识表示好奇。

"除了俱乐部的规定外,还有什么阻止了你打架?"

"如果我打架,我爸妈会生气的。我想在学校好好上学。而且我女朋友告诉我,如果我打架,她就跟我分手。"

我想知道这些期望对约书亚意味着什么。"关于打架有哪些规则,约书亚?"

"嗯,"他说道,"俱乐部有规定……如果你在没有俱乐部批准的情况下打架,你就会被踢出去。"

"还有关于打架的其他规则吗?"我怀着好奇问,"学校也可能有规则?"

"嗯,我其实不关心学校规则。"他骄傲地说道,"但是,学校也是不允许打架的。"

"我听你说还有些家庭规则?"我提出来。

他低下头说道:"是的。"

"你的女朋友也有些规则?"

"她不喜欢打架。"

"还有一些大人和老师不知道的规则吗?"我若无其事地问,"也许有一些你们孩子间的规则?一个孩子前几天告诉我,如果有人要求你打架,你就得打,这也是一种规则吗?"

"是的,但它不是真正的规则。"他反驳道,"它仅仅是你不得不去做,不过我不吃这一套。"

识别相反故事

约书亚在这里阐述了一系列关于非暴力的理由，这些知识不支持他参与打架。但是，相对于叙述的一致性，叙事调解者更有兴趣让冲突故事和支线故事形成对比。后者基本上被排除在男孩们最初讲述的故事之外，但是，它现在已经有了谈论的可能。这不是偶然发生的，而是因为一种特别形式的倾听和询问。

"你离开学校后想要做什么？"我变换了话题。

"我要成为建筑师。"约书亚骄傲地说。

"那时，你就得远离拳击了。"我开玩笑说。

我转向杰里米，"既然你听到约书亚说的话了，你的想法有什么变化吗？"我问道。

"是的，我发现他并没有想跟我打架，所以，这次打架很无聊，因为他不想还击。"他说道。

"你的规则和约书亚的一样吗？"我问道，"如果你的父母和家里知道这件事，他们会说什么？"

"那样的话，我就会惹上麻烦。但是，我也很恼火，我的同学说他盯着我看。"

通过询问杰里米关于避免打架的知识，相反故事得到进一步发展。调解者不是从权威的角度强调规则，而是寻求当事人自己赞同的更务实有效的规则。在调解者的启发下，杰里米能够参考与暴力冲突背道而驰的家庭规则。他还认为这次打架是件"很无聊"的事。

我想知道两个男孩对愤怒的影响了解多少。"像你们一样的男孩是怎么应对愤怒的？"我问道。

"我参加拳击，"约书亚回答，"真的有帮助，我不会让自己生气的，我需要理性。"约书亚继续说。

"如果一个男孩能管好脾气，你觉得它有什么帮助？"我说出内心的疑惑。这个假设进一步探究男孩子对问题故事的不同认识。

"它意味着我会有将来，我要成为一个建筑师。"他提醒我。

"杰里米，你离开学校后想做什么？"我问道。

"会计师。"他不好意思地说。

"如果你因为打架走了岔路，你的未来会怎样？"

他看着地板，说："不会发生这种事的。"

房间里安静了下来，两个男孩进入沉思中。我似乎有了一个想法，我伸开双手，在空中画了一个牌匾。"我现在就能看到它。"我激动地说，"杰里米，会计师；约书亚，建筑师。"他们都笑了，我知道我们取得了进展。

调解者在这里继续实践外化，先谈论生气，然后是打架，把它们作为威胁男孩们梦想的外部因素。最后一个问题是描述问题的影响。这个案例中，影响不仅存在于当前，也存在于设想的未来。我们假设，探索这些问题的影响比询问冲突的原因更富有成效。研究冲突的原因会进一步强化它是不可避免的，而研究问题的影响则打开了更多可能改变的空间。随着会谈的进行，两个男孩逐渐走出了冲突故事预设的关系，他们现在开始叙述不同的故事。

"你们能意识到，我们会迫于别人的压力而做不想做的事吗？"我问道，再次用外化的语言来表达压力，把外界压力和两个男孩可能"想要做的事"区分开来。

"我不知道其他人是否知道约书亚的拳击荣誉，他们想要你验证一下。"我看着杰里米说，"杰里米，你已经试过了，我很好奇现在你怎么向你的同学介绍约书亚?"

"我会告诉他们,约书亚挺好的,我们在你的帮助下解决了这个问题。"

"你们俩正在去伪存真。"我微笑着。不过,如果他想利用我在朋友面前保住面子的话,我不介意。

"让我们看看是否能抓住我们找到的所有想法。"我说,"让我们做个图表,这样,就能看到我们已经学到的知识。"我在白板上写下了他们的想法,加上标题。

抵制打架的绝妙理由

· 学校/俱乐部/家庭规则

· 影响前途

· 女朋友/兄弟/爸爸不希望我打架

· 打架不合适

"这是一个好的开始,我们能把它变成协议吗?"我问道。他们慎重地点点头。我在这些要点下面写道:

杰里米和约书亚之间的协议,2009年3月11号

白板上记录的是从打架的相反故事中概括出来的意义。两个男孩共同完成了这张表,它反映了他们的文化中流行的概念和经验。这不是一份从学校或任何专家意见的角度强加给男孩子们的清单,因此,它更有可能产生效应。采用通俗易懂的语言并用书面形式呈现这些词语,保证了这些文字的威慑力,能让它们在意识中产生持久的作用。使用第一人称尊重了这次冲突及解决方案的独特性。这两个男孩和调解者将建立一种全新的关系,拥有前所未有的故事情节。协议的公布使男孩子们摆脱了可能承受的"麻烦精"或"好斗者"等坏名声(Epston, 2008)。

协商协议

现在是协商如何推进谈判达成协议的时候了。协商是以已经构建好的相反关系故事为基础,而不是以冲突故事为基础。在这里,调解者断定,之前关于抵制打架理由的讨论是足够有力的,因此可以进一步采取具体行动。

"这次会谈后,我们决定对'麻烦'做些什么呢?"我问,"你们愿意各自写下协议的一部分吗?"

约书亚首先到白板前写:"我们已经解决了。"

杰里米也走上前,补充道:"现在一切都很好。"

然后,他们不需要提示,都签了名字。在我还没有机会说话之前,约书亚转向杰里米说:"我很抱歉那样盯着你看。"

我似乎吓了一跳。我并没有想到这一情景,因为约书亚并不是挑衅者。杰里米立刻回应道:"我也很抱歉,我不应该受到其他伙伴的影响。"

他们拥抱彼此,拍拍对方的后背,微笑着坐下。我也加入拥抱,我感谢他们愿意来这里会谈,然后请他们回到班级。

我第二天听副校长说,两个男孩回班级之前已经去过他的办公室,告诉他"事情已经解决了"。两个男孩都表示道歉,说他们给校长惹麻烦了。

重述学生的身份

这场特别剧目的落幕实际上非常迅速和简单。男孩们接受了支线关系故事,找出了"抵制打架的理由",他们借助这个故事采取行动,这是他们在谈话当初被冲突束缚时所不能预料到的。他们的道歉是自愿的,也自发地拥抱了彼此。他们事后还主动找副校长,发自内心地想与副校长和学校修复关系。每一个行动都是相反故事的情节发展。他们告诉副校长冲突已经解决了,这样就不会永久蒙受"好斗者"的恶名。这些相反故事构建了新的自我,需要在学校内得到认可，以便进一步发展和维护（Lindemann Nelson，2001）。

一旦这样的故事生根，它就能持续在男孩们自我成长的土壤里冒出新芽，就像根茎一样（Deleuze & Guattari，1987），不断在新的领域发散根系，延伸其覆盖范围。它还有利于建设男孩子们与打架旁观者的关系。例如，两个男孩都想告诉他们各自的家庭、女朋友或拳击俱乐部的教练，问题已经"解决了"。冲突激发的相反故事为两个男孩创造了新的关系空间。冲突解决过程和随后和解的故事也需要传播到咨询室以外。两个男孩的朋友们不会料到这个戏剧性的结局，他们可能想知道这件事是怎么了结的。冲突故事不仅存在于主角们的世界中，而且还波及他们所属的群体。因此，有必要把支线故事（或者相反故事）传播到这些关系网中。

打破预期的故事情节，为年轻人提供了获得新的群体身份的机会。在约书亚的案例中，抵制打架的挑衅稳固了他在学校里的地位，成为一个明明有体能却选择不滥用的角色。杰里米则重新定位自己，成为采取更成熟的方法避开惩罚并成功抵制打架诱惑的典型。随着更广泛的学校群体承认男孩们转换的身份，他们共同把这些男孩描述为有道德能力的年轻人。这些男孩越能像所期待的那样去行动，就越可能发展出期待的故事情节。

小 结

本章中，我们概述了学校管理者和咨询师可以运用的叙事调解方法，帮助当事人从充满冲突的关系故事中分离，逐步融入相反的关系故事。它的特征是合作、理解和解决问题。这个过程关键的步骤是外化冲突，识别与不断升级的冲突不匹配的行动。然后,检视这些相反故事元素的发展历史,促使它们在未来发挥作用。

问题反思

1. 叙事调解途径与其他调解模式有什么突出的不同?

2. 对电视辩论进行双重倾听练习,忽略主导的冲突故事,重点关注双方观点一致的故事。

3. 学生在学校里打架后,成年人多久能注意到此事,并告诉他们如何避免卷入打架中?

4. 在发展外化对话时,什么是最适合外化的?什么是效果较差的?

问题研究

1. 收集一个校园调解故事的档案。他们是怎么做的?他们完成了什么?他们的成功是如何被评估的?从他们的处理中能学到什么?

2. 进行一个校园冲突调解的案例研究。

第五章
同伴调解

本章内容

◎ 同伴调解介绍
○ 调解过程
◎ 同伴调解训练
○ 小结

同伴调解介绍

在上一章中，我们讨论了由富有经验的成年人主持的调解实践。现在，我们要提倡把这些实践交托给年轻人，甚至是儿童去做。在很多学校，学生经过训练后成为同伴调解者，有效发挥了和平使者的作用。他们需要训练和辅导(越年轻，就越需要辅导)，但是，成年人也需要相信学生能用自己的方式解决问题。他们是青少年知识群体的内部成员，成年人只能部分接触到这些知识，对它们知之甚少。学生通常是解决冲突的最佳人选，因为他们知道其他学生发生了什么。

作为教育者和学校领导，我们的工作是给学生提供机会和支持。学校的一个功能就是培养公民的民主意识，让大家共同发挥领导力。如果这不包括学习有利于解决分歧的对话，很难想象还有什么是更重要的。未来社会可能比现在更需要大量这方面的技能。为了学生的将来，还有什么比学习处理冲突更好的领导力训练呢？

当学生接受这些技能的培训时,自然会将它们融入到学校组织中。他们开始"那样生活",从不同的视角看待人际关系,用新角色的方式去行动。不管年龄多大,他们都是学校变革的主人翁,当他们持有反对欺凌和关系性攻击的立场时,他们就能影响学校的氛围。他们甚至可以挑战成年人有时对孩子们说话的方式。

如果你体验过学生同伴调解员对解决冲突的热情,你很容易被他们的能量和动力所感染。用心倾听年轻人的心声就能给未来带来希望,很难发现比这更有效的方式了。很多高中生能理解很复杂的冲突解决概念,能用教师都引以为豪的方法去实践。相对于成年人,他们常开门见山,直接切入冲突情境。学生同伴调解员一致同意,相对于他们服务的其他学生,在同伴调解工作中他们自己学到了更多的人际交往技能。这种学习方式不一定能帮他们通过考试,但绝对能帮助他们过好自己的生活。

在本章中,我们使用适合高中学生的语言描述了同伴调解的过程。然而,下面概述的过程可以改编成小学四年级学生使用的培训素材。不用太居高临下,小孩子自己使用的对话都可以写成脚本为他们所用。一旦他们熟悉技能,变得更自信,他们就不需要依赖这些脚本。一叠写好提示问题或关键词的卡片,能给小学生在这个角色中的成长提供支持。

为了对同伴调解工作进行理论论证,我们可以回顾列弗·维果茨基(Lev Vygostky, 1978, 1986)的工作。维果茨基的研究显示,学生向相近的伙伴学习的价值要优于向成年人学习,他将自己创立的术语"最近发展区"定义为

> 独立解决问题的实际发展水平和在成人指导下或与更有能力的同伴合作解决问题的潜在发展水平之间的差距(1978, p. 86)。

在最近发展区,在接近他们但是略高于他们水平的同伴帮助下,学生能掌握一项新技能。略高于他们水平的学习者可以为他们的学习"搭脚手架"。维果茨基的想法在近几十年内引起教育心理学的注意,给阅读等领域的学习

带来很大益处。它们同样适用于学习人际技能。

本章中,我们主要讨论同伴调解员训练的过程,而不是设立同伴调解项目的具体细节。这个项目需要在具体的学校情境中形成,我们不想对它做太精确的规定,主要是担心它的作用只能局限于一种情境中。我们能做的就是列举一些需要在这个过程中解决的问题——见表5-1。

表5-1　学校建立同伴调解服务需要解决的问题

1. 如何选择同伴调解员?他们通过什么过程申请?可以用哪一种筛选方法?要排除哪些人?(很多人发现,曾经卷入冲突的学生常常能成为好的调解员。)

2. 如何培训同伴调解员?在什么时间段培训?作为学校课程和作息计划的一部分,还是作为课外活动?

3. 同伴调解服务组织怎样接受转介?怎样分配调解员?怎样登记调解者?

4. 哪些资源可以分配给同伴调解项目?场所、预算、表格、培训资源、监管、文秘协助?

5. 调解是在上课时间还是在午间休息进行?或者上课前还是放学后进行?

6. 如何向学生和教师宣传这个服务项目?

7. 如何处理教师和学生之间的冲突?

8. 如何在学校里识别同伴调解员?徽章、书写板、T恤、校长颁发的证书?

9. 如何认可同伴调解员的工作(包括学生的成绩记录)?

10. 如何在校园文化中传播调解和冲突解决的观念?

11. 如何持续发展同伴调解的方法?

12. 如何使同伴调解适应校园文化?

13. 如何确保学生和教职工都重视调解过程的保密性?

14. 谁负责协调这个项目?如何保持项目的延续性?

一旦同伴调解的团体训练好了,不需要等到矛盾愈演愈烈时,他们就能发挥一系列冲突调解的作用。他们可以采取一系列促进校园和平的策略。表

5-2列举了一些可以委派给他们的任务。

表 5-2　同伴调解员进行和平建设的职责

1. 发现校园里的不同群体,安排他们进行对话。

2. 开展反欺凌行动。

3. 警惕学生之间的网络欺凌并采取行动化解。

4. 参加辅导课程中的角色扮演(见第十章)。

5. 策划和组织和平周活动,例如画脸谱、戴帽子和假发。

6. 策划为少数群体学生服务的反偏见行动。

7. 在每天的学校新闻日报里加入和平主题的名人名言。

8. 倾听校园里制造冲突的话语,并让师生知道这些话语。

9. 监控校园舞会里的性侵犯。

10. 发动增强反约会强暴意识的活动。

11. 定期指导那些与教师相处有麻烦的学生。

12. 定期在时事通讯上向学校汇报。

13. 组织实施资金筹集活动。

14. 在学校广播室宣传。

15. 制作视频或 DVD。

16. 邀请当地报纸做特别报道。

17. 在学术期刊上发表文章。

18. 在英语课上创立和平和同伴调解的宣言,在艺术课上设计宣传横幅,在音乐课创作该主题的说唱音乐。

19. 通过同伴调解项目主办学校社交活动。

20. 在家长会上展示冲突调解过程。

21. 在学校常规审核时会见学校评估者。

22. 折叠千纸鹤作为和平标志。

调解过程

为了便于学生学习,有必要让调解过程简单化。学生也需要有一个可以逐步参考的标准,尤其是刚开始实践的时候。因此,我们为初学者设计了简化的调解指南。等学生有了经验后,就可以脱离这个指南,更加游刃有余了。这套指南以贯穿全书的叙事原则为基础,可以概括为表 5-3 中的清单。

表 5-3 同伴调解指南

调解过程	
1. 准备	准备合适的座椅; 如果需要,打开窗; 清理桌子。
2. 自我介绍,了解基本规则	欢迎学生,让他们就座; 自我介绍; 概述工作程序; 告知行为指南; 提醒大家保密。
3. 说故事阶段	积极倾听每一个学生; 开放性提问; 外化冲突故事; 描述冲突的影响; 小结。
4. 发现解决方案	询问双方愿意冲突继续还是更希望有所不同; 询问他们更想要什么? 列出所有可能的解决方案; 探究每一个方案的可行性和结果。
5. 协议	确认双方同意行动; 开始行动; 小结; 写出一致同意的选项,双方签字; 组织后续行动。
6. 结束	递交协议书; 向学校咨询师汇报。

阶段1：准备

学生调解员最好两人一组，需要明确两人的分工。例如，一个学生负责记录，另一个学生引导谈话。谈话期间也可以交换分工。

首先要找到一个没有干扰的房间，然后整理房间，安放椅子。为了保护隐私，可以关闭百叶窗或拉上窗帘，并安排调解者和发生冲突的学生所坐的位置（调解者通常坐在双方中间）。

阶段2：自我介绍，了解基本规则

首先用友好和认真的态度欢迎约谈的学生。记住，处于冲突中的人可能因为和对方在同一个房间而不安，所以调解者要避免太随意和开心，否则会使他们脱离这个过程。接下来是让他们自我介绍，调解者需要记住双方的名字，在表格上准确填写。然后，向他们介绍调解过程，让双方知道会发生什么，并建立会谈指南，以便每个人都能在足够安全和舒适的情况下谈话。

以下是这个阶段要说的话：

欢迎大家。我是瓦内萨（Vanessa），这是迈克尔（Michael）。如果你们愿意的话，我们将做你们的调解人，可以吗？

非常好，谢谢你们来到这里，接下来我们要做的是：你们都有机会讲述自己的故事，解释你们如何受到这件事的影响。然后，我们来看看是否能达成一致，解决这个问题，不要让这样的事再次发生。

这样可以吗？

好，为了开展这项工作，我们需要接受一些规则。你们都愿意接受下列规则吗？

· 倾听别人的意见，不要打断。

· 致力于如何解决问题。

- 避免辱骂、无礼、争吵或者甩脸子。

- 正直、诚实。

- 有话先跟我们说,再跟对方说。

你们接受这些规则吗?

作为调解人,我们将做到以下方面:

- 不会告诉你们该做什么。

- 不会偏袒任何一方。

- 帮助你们自己解决问题。

- 不会把你们分享给我们的事告诉任何人,除非它是违法的,或者可能给你们或其他人带来伤害。

这样可以吗?

好,谢谢你们!

阶段3:说故事阶段

现在,是倾听故事的时候。关于这件事,至少会有两个版本的故事,看上去都是可信的,调解员的工作不是去评判哪一个故事是对的。我们要铭记在心的格言是:人不是问题,问题才是问题。

倾听每个人所用的关键词语并且反馈给他们,这是一种积极的倾听。还要实行双重倾听,既听问题故事,每个人对不同状态的渴望。通过提问,探究每个人在冲突发生时的想法,还要询问他们的假设是什么。每个人都说完后,对前述的一切进行概括。

然后,外化冲突故事。要求冲突双方为冲突命名,看他们是否能达成一致。命名应该跟他们的情境有关,而不是指向任何一个人。

一旦形成一致的命名,接下来就要描述冲突对双方和有关人员的影响。

这个步骤可以通过外化的问题名称来完成,可以询问:"'紧张'是如何影响你们双方的?"多问几次这个问题,直到你确实了解到冲突的影响。谈话期间继续用积极倾听的方式。

以下是这个阶段要说的话:

我们的调解不仅关注你与迪尔德丽(Deirdre)、你与迪奥(Dion)之间发生的事,我们还会讨论这次冲突造成的损害,以及如何使事情回归正常轨道。

为了帮助我们理解已经造成的损害和冲突的影响,我们会问一些可能不太好回答的问题,但是这些问题很重要,这样我们才能找到最好的解决方案。

迪尔德丽,你先开始?从你的角度说一下发生的事。

你当时是怎么想的?

什么样的假设使你成为冲突的一部分?

这件事发生后你想了些什么?

好,我来概括一下你刚才说的内容。

迪奥,我能问你我刚才问过迪尔德丽的问题吗?从你的角度说一下发生的事。

你当时是怎么想的?

你做了什么假设使你卷入了冲突?

这件事发生后你想了些什么?

好,我来概括一下你刚才说的内容。

两个学生都说完他们的冲突故事,并且同意调解员的复述后,再询问以下问题:

你们有任何想要补充的吗?

现在,我们能就这次冲突的命名达成一致吗?如果我们要描述这件事,并且给它一个名字,我们称它为什么呢?例如,争吵,紧张,争论,不开心的事,或者其他什么?

好,我们已经同意称它为"紧张"。现在让我们探讨一下这个"紧张"对你们双方有什么影响?

它还有其他什么影响?

它让你有什么感觉?采取了什么行动?对彼此说了什么?

这些影响中最糟糕的是什么?

它会让你做出违背自己意愿的事情吗?如果会,是什么事情?

它对其他人有什么影响?

谢谢你。我来概括一下你所说的"紧张"的影响。

阶段4:发现解决方案

到目前为止,双方都可能准备好了进入或者至少能接受支线故事。为了充分验证这一点,可以询问他们怎么看待刚刚承认的冲突的影响。要求他们做出判断,不是对另一方,而是针对问题。对于他们来说,可以承受冲突带来这么大的影响吗?他们能容忍冲突继续下去吗,或者说他们更愿意事情有所不同?你甚至可以问如果事情变得更糟,会发生什么。

如果他们想要事情变得不同,就要求他们描述一下他们想要的状况。你可能得到这样的回答,例如他们更希望和平相处。一些人可能提出,他们不一定要成为亲密的朋友,但至少不要成为仇敌。一旦双方承认这样的声明,就可以整理协议了。然而,有时候冲突的解决可以不需要任何协议。不过,情况并不总是这样,如果需要,调解者应该准备好通过协商达成协议。

整理协议的第一步是通过头脑风暴形成一系列解决方案。形成方案时要放下任何评判,要包容各种想法,甚至是一些非正统的想法。用这样的方式,这个过程中就会产生创造力。

下一步是仔细检查清单上的所有选项,然后让双方衡量每一条方案的可行性和可能产生的结果。

以下是这个阶段要说的话:

迪奥和迪尔德丽,你们怎么看待"紧张"造成的这些影响?你们可以接受吗?你们能容忍这种状况继续下去吗,甚至变得更糟?或者说你们更希望事情有所不同?

所以,你们更想要什么样子呢?如果达成你们更想要的状态,你们之间的关系将会是怎样的?你希望通过调解达成你们的愿望后会发生什么?你们能为此做些什么呢?

调解者概括他们的回答。

我们将列出所有你们认为可以解决问题的想法。请不要立刻评判这些想法好还是不好,让我们先把它们列出来。

现在,我们有了一系列可能的方案,让我们逐条过目并说说你们的看法。它会起作用吗?如果同意这么做,会有什么结果?

调解者做概括。

阶段 5:协议

下一步是协商协议。如果前面几个阶段进行得很好,这一步会很快完成。写下大家同意的内容,尽可能准确记录冲突双方各自的意见。一旦写好协议,就读给双方听,询问他们是否愿意签名。

以下是这个阶段要说的话:

为了减少"紧张"的影响,并尽可能和平共处,你们现在达成了什么共识?

你们能为对方提供什么？你们想要对方同意什么？

再慢些说一遍，让我们可以记下来。

好，这是你们所说的一致同意的内容。

调解者大声读协议的条目。

这些都对吗？我们有没有漏掉什么内容？

你们现在都愿意在协议上签名吗？

好，谢谢你们！

阶段6：结束

调解者接下来要做的事是让双方签名，设定一个时间来检查协议的遵守情况。然后，把协议交给学校咨询师存档，双方也各持有一份协议。

既然调解工作已经完成，就可能要确认已取得哪些成就。然而，这需要一些耐心，因为协议仅仅是纸上的文字，还需要在日常生活中付诸行动。但是，我们要感谢冲突双方愿意加入建设性的对话并达成协议。他们可能不会完全彼此满意，或者想要成为亲密朋友，因此不要期待太多。然而，可以问他们是否满意对话的进行，承认这一点有助于强化已达成的协议。

以下是这个阶段要说的话：

正如你们所知，我们现在要在协议上签上名字和日期。然后，我们就把它交给学校咨询师威廉姆斯（Williams）先生，他会存档。这样的话，如果有什么争议，我们就能重新查阅，你们也想要一份吗？

谢谢你们为解决这次冲突所做的努力。你们达成的这份协议应该对弥补冲突造成的伤害大有帮助。我们可以在两周内再到这里碰头，看看是否一切顺利。为了防止流言让你们重新进入紧张状态，请告诉你们的朋友，冲突已经解决了。

祝贺你们！你们在这次冲突调解过程的表现给我留下了深刻的印象。你们也感到满意吗？

同伴调解训练

学校里有各种同伴调解训练的指南，但它们很少包含前面论述的叙事重点。具体来说，叙事方法强调用外化的语言对冲突命名，描述冲突的影响，邀请双方判断这些影响，让他们叙述一个更希望发生的支线故事。所有这些步骤都是协商协议的前奏，通常会使协商过程变得更加顺利。它还可能产生明显的关系转变，起到与任何协议一致的效果，逐渐瓦解冲突故事，开启相反故事的可能性。

由于这个方法不为众人所知，我们想在这一章介绍一个可以让学生操作的训练计划。该方法主要针对高中学生，训练学生操作以上介绍的一般步骤，计划以叙事调解的标志性特点为基础，有以下几个特点：

1. 假设人们活在自己的故事里。
2. 避免本质论的假设。
3. 进行双重倾听。
4. 建立外化对话。
5. 发现支线故事的开头。
6. 改写关系故事。
7. 记录进展。

尽管这些核心观点最初不是专门用于高中学生的调解训练,但我们发现,经过恰当的解释,学生能够吸收这些想法并将其用于同伴调解会议。在一所高中,这些核心观点经过提炼后,通过 5 周的训练,利用午休时间教给了一群经过选拔的学生。

会　话　1

第一次会话训练集中在两个特征上:

- 假设人们生活在自己的故事里。
- 避免本质论的假设。

叙事方法不仅把叙事看成描述记忆中的事件,还把叙事视为在构建一个人的生活故事。

这部分会话的核心观点见表 5-4。

表 5-4　叙事调解训练:会话 1 的核心观念

假设人们活在自己的故事里。
- 故事不只是报道。它们塑造我们的思想,也因此塑造我们的现实。
- 当我们讲故事时,我们就在创造现实。
- 我们都是多重故事的主角。
- 没有一种单独的描述能覆盖我们的生活或人际关系。
- 不同的故事是不平等的,有一些要强于另一些。
- 总还有一些没有说出来的故事。
- 每个故事都是从所有可能的情节元素中选择出来的,并且按照特定的顺序排列。

避免对人进行本质论的假设。

　　本质论的思想假设包括:

续表

- 人们被他们内在的核心本质所驱动,或多或少是固定的。
- 一个人给别人留下印象是因为一些内在人格特质或者固定的标签。例如,"她是个容易发火的人""她是那种被虐型""他是个恃强凌弱者"。
- 复杂的生活能概括为一种单一的描述。
- 人们之间的关系问题是由一个人或双方自身的错误(缺陷)所导致的。

与其用标签来评判一个人的问题,不如鼓励调解者把标签理解为故事的结果。它们就像一种名声,可能是个人应得的,也可能不是。最重要的是,我们总是可以跳出任何标签或故事的框框去思考一个人。这些标签没有一个是本质性的,人们总是比他们的故事更复杂。表5-5设计了一个帮助人们学习这些观念的活动。

表 5-5　活动 1:讲故事

1. 听对方讲一个经历冲突的简单故事。用心倾听,不要打断或评论。
2. 互换角色,重复步骤 1。
3. 概括你听到故事的要点,以"我听到的故事是关于……"这个句式开始你的复述。故事发生在哪里?这些人是谁?他们扮演的角色是什么?冲突背后的驱动力是什么?
4. 重复上述练习,从冲突另一方的角度讲这个故事。
5. 讨论做这个练习的困难和容易之处。关于讲故事的人,你还注意到什么?关于听故事的自己,你还注意到什么?

活动 2：避免本质论的假设

> 1. 思考一个别人给你贴的标签,包括积极的和消极的。与搭档讨论这个标签是怎么来的,有哪些证据？思考这个标签的积极面,讨论你更愿意要哪一面,为什么？例如,把"固执"看作"一心一意"和"专注"。
>
> 2. 这个标签对你有什么影响？
>
> 3. 你接受还是拒绝这个标签？为什么？你是怎样做的？
>
> 4. 思考你有时可能给别人贴上的标签。这个标签能概括这个人的所有方面吗？

会话 2：双重倾听

这部分会话的核心概念如下：

- 双重倾听
- 支线故事
- 相反故事

双重倾听要求一方面听冲突故事,另一方面听支线故事或相反故事。支线故事是与冲突故事不一致的关系故事,它的另一个表述是相反故事。它意味着虽然是同一件事,但是可以强调与问题故事相对立的一面。例如,合作的故事可能是一个与持续争吵的故事相反的故事。作为一个故事,必须有一系列情节事件、一些人物、主题和发生的情境。

双重倾听包括倾听问题故事,也倾听故事中的矛盾、缺口或者一线希望。它意味着从主流故事中倾听不同的例子,理解一个人陷入争端是怎样的状态,并带着支持当事人解决问题的意图。作为研究者去倾听,去了解更多,而不是作为评判者去倾听。

记住,学生们寻求调解,正是希望事情有所不同。进一步询问这个希望,总会发现他们故事中的另一面。每次有人说他或她不开心,就会有他们更想要的另一面。我们要倾听并询问冲突故事如何扭曲和损害了他们希望建立的关系。表5-6包括了一个练习,可以训练双重倾听的技能。

表 5-6　活动:进行双重倾听

1. 和你的搭档重新讨论上周的故事。
2. 找出讲述的故事和意愿故事之间的区别。
3. 看看你能否发现任何希望事情有所不同的表达。
4. 倾听这个故事中忽略了什么内容。
5. 倾听原以为不重要的信息。
6. 倾听希望让事情变得更好的意图。

会话3:建立外化对话

这部分会话的核心概念如下:

- 外化问题
- 描述问题的影响

"外化问题"指的是一种特别的语言形式。当我们运用这种表达方式时,冲突被说成是争端中的第三方,它被拟人化,从而与处于冲突中心的个人分离。"描述问题的影响"是指通过一系列询问,不断重复外化后的冲突名称,询问参与者是如何被它所影响的。有时可以用实际的图表来表示它的影响。

叙事调解假设人不是问题,问题才是问题。在冲突情境中,人们普遍把对方看成恶劣或暴躁的人;还有很多其他的消极标签,人们会将其加在"最终结论"中，例如，**固执**、**难相处**、**荒唐**、**虚伪**、**说谎**、**暴力**，等等。在每一个冲突事件中，人们常常说对方就是这样的人，换句话说，这就是那个人的**本性**。如果有些事就是你本性的一部分，你一定是自带了这种体质，所以无法真正改变。同时，这样归因冲突，也给了自己（或其他倾听者）一个封闭的解释，这种解释不能轻易被质疑或者被证明是错误的。一个令人遗憾的副作用就是，人们很容易地得出结论：没法改变任何事。

我们用**外化对话**这个术语作为谈论问题的新方式。它的意思是谈论问题的时候，把问题与人分开。因此，冲突的起源被解释为存在于两人之间，而不是个人内部。这意味着不需要试图改变个人的人格，相反，愤怒和痛苦也被归结于冲突本身。这种语言形式让人们把冲突看作有自己生命的第三方。

外化对话更强调**冲突的影响**，**而不是原因**，让人们考虑是否喜欢这些影响。外化的过程避免了将责备或羞愧转嫁到个人身上，并为另一个替代故事的出现创造了条件。通常对问题最好的外化名称是一些简单的称呼，例如，"**冲突**""**争论**""**紧张**""**处境**"或者任何适合当时情境的名字。调解员也可以让冲突双方提出一个他们都同意的名字。

如果他们同意冲突的命名，调解员就应该继续用这个名称。下一步是描述问题的影响，可以根据人们的想法、感觉、关系、学业、身体不适（例如，头痛、不舒服、失眠等）和其他生活领域来探究问题的影响，也可以根据过去、现在和将来来探究影响。表5-7包括了一个帮助人们练习外化的活动。第十章的访谈问题训练也有助于练习运用外化的语言。

表 5-7　活动：外化问题，描述问题的影响

> 1. 找一个会话伙伴，简单告诉对方最近发生的一次小冲突。
> 2. 记住仔细倾听故事。
> 3. 和会话伙伴一起考虑问题的名称。例如，可能是"争论""吵架""处境"。思考你可能怎么说，"这是一个关于……的故事。"你可以说"我们怎么命名你面对的事？""它是一个争论吗？""吵架？""你把这件事叫什么？"
> 4. 如果你们想不出这次冲突的名称，不用急，就把它叫作"它"。
> 5. 询问下列问题，描述冲突的影响。
>   (a) 它有多久了？
>   (b) 它是怎么影响你的？
>   (c) 它让你如何感觉、思考和说话？
>   (d) 它说服你做什么？
>   (e) 你生活中还有其他方面也受到影响了吗？哪些方面？怎么影响的？
>   (f) 如果它不停止影响的话，可能会发生什么？
>   (g) 你更希望发生什么？

会话 4：确定支线故事的开头

这一部分会话的核心概念如下：

- 支线故事
- 相反故事
- 独特事件

独特事件是与冲突故事不一致的事件或叙事，它可以被视为相反故事发展的开端。

下一步是发现这样的开端。冲突故事只是很多可以说的关系故事中的一个。它总是忽略了一些事件,只选择了那些适合故事情节的元素。然而,这段关系中总是还有其他可以说的故事。你可以在幕后寻找早期关于合作、尊重和友好的片段,这些就是独特事件。询问独特事件有助发展相反故事的属性(情节、角色、主题、背景)。表 5-8 包括了一些问题,可以帮助我们找到独特事件,发展相反故事或支线故事。

表 5-8　叙述相反故事要点

1. 询问双方,是否喜欢冲突对自己及其相互关系的影响?为什么不喜欢?然后询问他们更希望事情是怎样的?

2. 寻找不属于冲突故事的事例,通过双重倾听注意并探究这些时刻。例如,"威廉(William),你说你们在同一个足球队,度过了一个美好的赛季,这意味着你们一起为球队效力吗?你们那时是怎么做的?"

3. 拓展故事的相反面,揭示冲突背后的价值。例如,如果有人说:"他太好斗了,我认为他在学校里不应该那样。"你可以问:"在学校里什么样的关系是最好的?你在学校里有过什么和平的经验吗?"

4. 直接询问没有冲突的时候。你可以说:"看上去不总是像这样。你们曾经有过可以相互沟通的时候吗?"

5. 打听学生家里他们尊敬的、擅长解决冲突的其他人。向他们询问那个人是如何处理类似问题的,他或她会说些什么。

6. 询问在这个会议上没有被问题影响的人,向他征求关于如何继续前行的意见。如果所有人都受到影响,你还可以假设性地问:"如果你们没有受到冲突的影响,什么解决方案是有效的?"

7. 询问是否有人还有一些没尝试过的想法。他们是否一直想做一些事,但尚未付诸行动?

有很多方法可以开启相反故事,你的选择取决于你们已有的讨论。之前进行的双重倾听常常会给你一个线索。冲突故事的发生需要一些时间,支线故事的形成也需要时间和坚持。正像消极经验在冲突故事里被联系起来一样,调解员也可以将任何积极的时刻联系起来。

调解员可以说:"既然你们都不想让冲突继续,因为它影响了你们的学习,那么你们有什么关于合作和相处的建议?"

或者这么说:"所以,你们厌倦了冲突,不想采取让自己后悔的行动吗?你们曾经是朋友,你们怎么解决这个问题呢?"

或者说:"我们能理解,你们不想要坏名声,你们不想要父母亲卷入其中,需要做些什么来恢复你们的友谊呢?"

表格 5-9 设计了实践这一调解过程的活动。

表 5-9　活动:协商解决方案

1. 角色扮演另一个冲突故事,简要描述冲突的影响(5 分钟)。
2. 选择表 5-8 中与这个情境最相关的三个问题。
3. 询问这三个问题,对它们进行改编,使其与所讲述的故事保持一致。
4. 概括所给出的回答。
5. 要求双方提出解决问题的方案,使之符合他们想要事情有所不同的意愿,并列出这些建议。
6. 核查清单上的每一条建议,询问(a)它们的可行性;(b)它们可能产生的结果。

会话5：写下协议，记录进展

现在是时候询问一下双方，准备如何就改变冲突达成共识。他们可以相互提些要求或者建议来回答这个问题。

要注意准确记录双方的意见，这会让协议更持久。仅仅是口头协议，可能会随着时间而渐渐淡化。通过记录"意愿关系"在未来"看起来是什么样子"，可以获得更强烈的承诺来保持这些新途径。为了准确记录协议，调解员有必要在调解过程中记笔记，以便之后再回头查阅。

最后的文件应该包括对事件过程的简要说明，要用外化的语言谨慎描述，并且要记录一致同意的内容。表5-10是一份调解协议文件的样本，其中的小标题可以帮助调解团队制作标准表格。

表5-10 调解协议

发生了什么？

·詹森（Jason）和贾洛德（Jarrard）在足球场打架了，他们互打了几拳后被老师拉开。很多学生看到了这一情景，怂恿他们继续打。一些关于打架原因的闲话和中伤的言论在校园里流传。

涉及哪些人？

·詹森和贾洛德。这两个男孩的朋友有乔治（George）、米凯拉（Michaela）、约瑟（Jose）和摩西（Moshe）。他们都"参与"打架了。

有什么影响？

打架对每个当事人产生了什么影响？

·詹森和贾洛德相互叫骂，吸引了一大堆人在运动场围观。因此，他们身不由己地陷入打架中，这让他们很愤怒和抓狂。

打架对其他人有什么影响？

续表

- 一些学生发短信给校外的人,说放学后决一胜负;一些学生录了打架的视频。很多人被煽动了,站到其中一方的队伍中。

需要做什么来修复打架的伤害?

列出协议。

- 詹森和贾洛德要为打架的事相互道歉,握手讲和。
- 两个男孩要写信给校长和制止打架的老师,为打架道歉,询问他们还有什么要求。
- 两个男孩要在全校大会上道歉,对打架造成的影响表示忏悔。
- 两个男孩要在他们的脸书网页上说明打架已经结束,不希望其他人再有任何行动。
- 两个男孩要发信给卷入打架的四个朋友,告诉他们打架已经结束,不要再斗了。
- 校长将通知父母有关打架的事件和解决的过程。

所有参与打架的人签名:

协议日期:

记录这份文件之前要先弄明白发生的一切。首先,注意打架意味着什么。打架是增加对另一方的不满,使故事复杂化,并持续恶化,而不是增加解决问题的机会。它的特点是结成同盟、报复和扳回面子。结束这个故事的唯一办法,就是在打架者和其他受到影响的人之间发展一段新的关系。为此,调解不只是相互妥协,达成协议,它最终要重新讲述一段关系。

小　结

本章描述了同伴叙事调解的具体步骤,它是为学生设计的调解过程方案,但也适用于成年人。我们冒着程式化的风险,试图使它易于使用,但在模仿这些步骤的时候可以创造性地变化和发展。我们也希望想要教学生进行同伴调解的学校咨询师能够自己实践它。学校咨询师的大部分工作主要是处理各种形式的冲突。因此,在学生接触到叙事调解之前,我们也许在前面的章节就向学校咨询师介绍过这种方法。

问 题 反 思

1. 如何进一步简化调解过程,使之适用于中学和小学调解员?
2. 如何才能保持同伴调解团队的斗志?

问 题 研 究

1. 如何评估同伴调解团队的工作?
2. 如何研究同伴调解团队对校园风气的影响?
3. 收集一例学校同伴调解工作的故事档案。

第六章
恢复性会议

本章内容

◎ 违纪处分的问题
○ 恢复性司法的理念
◎ 恢复性会议的原则
○ 案例简介：一次恢复性会议
◎ 小结

违纪处分的问题

当学生严重违反纪律时,通常的做法是把违纪者隔离,然后从学校开除,尤其在"零容忍"制度下更是如此。学校管理者常常制定这种措施以示强有力的领导,并通过排除少数危险分子来证明对学校大多数人的合理保护。这个逻辑的问题是:这种强硬的措施并没有成功地减少校园暴力,而是把它转移到社会上,随后,这种暴力的影响又会回到学校。

被开除的学生常常被推进一条以监狱为终点的"生涯"轨道,勒令停课并不能阻止它,反而会推进这一进程。被害者也得不到任何弥补,他们充其量在审判系统中成为见证人,帮助学校当局展现权力而不是领导力。

在这种情形下,我们担心没有引起多少反思。无论是侵犯者还是被害者,都没有调查是什么导致了攻击行为,也没有被要求解决因此破坏的关系问题。

人身和财产的损害没有得到有效修复，至少侵犯者没有做出补偿。最终形成的是一个分裂的社会，大多数人学会了害怕，并保护自己免受少数人的侵害。出于改善这一境况的愿望，我们发展了恢复性会议的方法。

恢复性司法的理念

在"恢复性司法"(restorative justice)的旗帜下，一场声势浩大的运动在全世界许多地方不断兴起。它包括一系列冲突解决的创新实践，这些实践不断涌现在青少年司法、成人刑事司法、社区警务、社会工作和学校事务等领域。一位领军人物霍华德·泽尔(Howard Zehr, 1990, 2002)阐明了支撑这些实践的理念。恢复性方法的独特之处在于，它强调从关系的角度理解来攻击行为。泽尔对比了恢复性司法和所谓的"报复性司法"(大多数司法系统中的主流框架)。"报复性司法"的目的是使犯罪行为向权力当局妥协，以恢复国家(或者学校行政机构)的权威，通常的方法是实施惩罚。相比之下，恢复性司法则把任何攻击首先视为对他人的侵犯。它伤害了别人，破坏了关系，也给社会带来了危害。因此，如果不能努力纠正其对关系和社会的损害，攻击行为问题就得不到充分的解决。

除了让受害人看到罪犯被惩罚之外，司法系统很少使他们更加满意。他们很少得到弥补，例如，对财物损失的补偿，对他们所受的耻辱在情感上的接纳，或者因他们害怕继续受到伤害而给予安慰和保证。而当侵犯者在法庭上不认罪且毫无悔改之心时，受害者会感到非常痛苦。在学校里同样如此，被攻击的学生也会有类似的痛苦。当攻击者被学校惩罚后，回到班级面对被攻击者时，被攻击的学生就处在害怕被报复的恐惧之中。

相比之下，恢复性的过程重在解决攻击者造成的伤害，重视聆听受害者的心声，邀请攻击者去纠正已造成的伤害。我们应该仔细区别恢复与改造的不同特征。在恢复性实践中，攻击者被要求对受害者负责任，而不仅仅是努力改变自己。我们不支持攻击者寻找任何借口或同情，使其侵犯行为合理化。联合国手册这样定义恢复性司法：

恢复性司法是指通过补救受害者受到的伤害，使违纪者对他们自己的行为负责，并且敦促社会参与处理冲突，以此来解决犯罪问题的过程（Dandurand & Griffiths, 2006, p.6）。

在本章中，我们将介绍一例学校恢复性会议的过程。为了能完整解释在社区和学校中引入恢复性实践的国际运动，也为了概括这一充满生机的实效研究，建议读者参考温斯莱德和蒙克（Winslade & Monk, 2008）的著作。恢复性会议有很多不同的方法，每一种方法都有细微但重要的不同。我们要重点介绍一些始终建立在叙事理念基础上的方法。我们可以完整阅读新西兰怀卡托大学恢复实践发展团队（2004）所著的一本实践导向的专著，但首先让我们概述这一实践所依据的一些原则。

恢复性会议的原则

建立一个关怀社会

首要原则是：任何问题都会是围绕着社会人群而产生，他们关心发生了什么或者是否与这个问题有利害关系。恢复性会议的目标是整合这些社会关怀,把任何一种解决方案都纳入这个综合的社会体系中。这是一个包容性的过程,而不是孤立违法者,把他们从社会中隔离。相比之下,勒令停课或开除出校都是把违纪的学生从学校环境中隔离。这种措施同时也带来一个很严肃的问题:"违纪者需要做些什么,才能和那些被他们伤害的人共处?"违纪者重新有机会被学校接纳,需要以他们努力解决侵犯行为的后果为前提。

秉持叙事立场的学校不应该被误解为是软弱的,或者忽视了违纪的严重性。相反,这一立场比通常的"零容忍"政策更加要求把责任作为社会成员的重要条件。我们将证明,采取叙事方法的学校更富有社会责任感,而另外那些学校只是简单地把违纪者驱除,把问题转移到另一个机构,期待它们能让违纪者提高责任感。其中的差别还在于有效性和责任性,而不仅仅是道德上的正义。

被问罪的过程常常会伴随着羞愧感。让违纪者重新回到校园,要求一个恢复性过程来处理这种羞耻感(Braithwaite,1989)。也许不能完全避免这种情绪,但是可以谨慎构建一个恢复性过程,避免违纪者在被排斥的过程中发生堕落现象。而恢复性过程强调把违纪者重新认定为社区的正式成员,同时也满足受害者的需求。

增加会谈中的不同观点

在传统的司法和学校纪律系统中,典型做法是违纪者必须在司法或管理监控下进行社会隔离。这个过程从罪名指控变成了道德上的谴责。如果违纪者不想激起众人对他的义愤,就最好显示出悔恨和对权威的服从。一些违法者如此娴熟地向权威人物表示悔恨,以至于对自己造成的伤害麻木不仁。与此相反,恢复性过程不只针对指控和罪恶感,恢复性对话中会慎重地带入更多的观点。违纪者不是被隔离,而是被置于一个能支持他担当责任的人际网络。这个人际网络在恢复性过程中共同承担、解决违纪造成的伤害。同时,违纪者仍然要担当起重大的责任。执行问责制固然重要,但是应在关系的背景下进行,而不是基于以惩罚为导向的制度。

由于这个人际网络中有各种声音,恢复性会议可以产生很多想法,以解决违纪者带来的伤害。一些想法是学校当局从来也没有过的。更多人专心地设计问责计划能产生更多的创意,远远超出一个忙碌的校长所能做的。因此,我们可以精心制订解决问题的计划,专门处理违纪者和受害者的需要和关切。

针对恢复关系的需要

从恢复性司法的角度来看,违纪行为主要是一种关系的破裂,而不是说明违纪者存在道德或心理缺陷(需要惩罚或治疗)。这是司法系统传统思想的一大转变,重点转移到识别人们在关系中受到的损害,然后努力让事情回归正常。在恢复性实践中,相对于**个人内在**的视角,违纪更多被看作来源于**人际关系**,作恶者也会被他自己的恶行所伤害。正如霍华德·泽尔(2002)所说,审查违纪是为了让违纪者为修复伤害担当责任,而不是表明违纪者本人在某些方面有错或者有缺陷。恢复性会议邀请违纪者关注他们的行为给别人造成的后果,而不仅仅关注他们自己,然后采取负责任的行为来处理这些后果。

有时候,要在现实中修复违纪造成的所有伤害很困难。在这种情况下,仍然很值得用象征性的方式去处理这些伤害。受害者通常很乐意理解这一区别。违纪者道歉和保证类似的伤害不再发生在任何人身上,会让他们感到安慰,这种良好的关系在无形中起到了治疗作用。

避免以偏概全的语言

语言的运用在实践中影响着人们的生活和人际关系。如果运用包容和尊重的语言，将会为会谈结果带来很大的不同。我们尤其需要避免以偏概全的语言，因为这种语言方式是不尊重人的。以偏概全试图用单一的描述来概括一个人的本性。它通常强调某人行为的一个方面，围绕这个单一特征来组织对他的其他理解，无视信息的矛盾之处。例如，一个人打了别人，他会被认为有"暴力"的本性。进一步的例子包括，给学生贴上"行为问题""对立违抗性障碍""危险人物""学习障碍"等标签，或者认为他来自"功能失调的家庭"。问题是，没有人永远暴力、有行为问题或者功能失调，没有一个单独的描述能解释一个人的矛盾之处和例外。概括性的用词，例如"总是"和"从不"，经常被用在以偏概全的语言中。当我们用一个狭义的经验来代表整体时，相反的故事就被隐蔽了。当教师、咨询师或管理者等权威人物使用以偏概全的语言时，会带来很大的影响，因为学生很难抵抗权威。甚至当学生不喜欢这些时，他们仍会内化这些影响，用削弱的方式来认识自我。对于被贴标签的人和其他人来说，以偏概全的语言使人们看不到事物的另外一面，因此也看不到变化的可能性。

叙事实践的目标是运用**外化语言**来抵消以偏概全语言的内化效应。在恢复性会议中，这意味着把行为描述为问题，但是人（学生、教师或家长）不被称为问题者。外化语言被用来表达对人的极大尊重，避免指责，为发生改变和承担责任制造空间。

我们在本书中一再强调迈克尔·怀特（Michael White，1989）的格言，它概括了这个观点："人不是问题，问题才是问题。"在恢复性会议中，可以把它写在白板上，作为引导会议过程的警句。这句话意味着违法者将得到尊重，他们的行为会和任何认为他们本性就坏或不健全的假设相分离。相反，他们被假设为道德的承担者，他们能够思考并为自己的行为负责。

基于这些基本原则,我们将介绍一次恢复性会议的实施过程。我们将叙述一个故事,其中穿插一些对恢复性会议过程的解释。故事是从一个学校咨询师的视角展开的。

案例简介:一次恢复性会议

违纪事件

副校长发了一封邮件给学校咨询师,要求帮助处理一群女生打架的事。事情的过程很清楚,一个女生对另一个女生大声叫喊,吸引她的注意,而第三个女生从背后向她扑过去。这次攻击事件很严重,三个女生拳打脚踢,互相拉扯头发,被袭击的女生受到很多辱骂。调查期间,这些女生被要求打开书包,发现一个女生的书包里有一截铁管。一些在场的学生目击了这场斗殴,很多人用手机录下了视频。三个女生写了这次事件的声明给副校长,她们都面临严重违纪的指控。

副校长要求三个女生为此次行为承担全部责任,她发了一封措辞强烈的信给学校委员会,表明这样的行为是不可接受的。在正常情况下,类似的打架行为后果是所有涉及的学生都被开除,但是副校长感觉其中可能有很多问题。开除学生不会有任何长远效益,并且,这次事件可能会引起家庭之间的报复,产生社会影响,事实上造成更大的问题。因此,副校长要求咨询师安排一次恢复性会议来解决这个问题,然后再让学校委员会是否终止她们的学籍。学生们被告知,会议准备期间她们必须留在家里;她们的父母也会收到通知,被要求参加学校的会议。

如何利用恢复性会议

恢复性会议以各种不同的形式在学校得到应用。很明显,只有事情达到一定严重程度,才有正当理由安排会议,当然勒令停课也在考虑的范围内。然而,每所学校在实施这一过程时也存在差异。一些学校用它来代替勒令停课的处罚;而另一些学校在对学生实施勒令停课后,再运用恢复性会议确定学生回到学校的条件;有些学校甚至用它来确定是否可以让学生回到学校。一般由当地学校或者地区行政机构来决定如何使用这个方法。

为了更好地发挥作用,恢复性会议需要得到校长的支持,还需要校长和协调会议的人员通力合作,在本案例中协调人就是学校咨询师。如果没有这些承诺和合作,咨询师自己安排这样的会议是不明智的。在恢复性会议进行的同时,也不应该启动惩罚程序,以免这两个过程互相干扰。

召集会议参加者

一旦决定举行会议,我(学校咨询师)拿出会议协调人备忘录,按部就班地开始每一步的工作。首先,我罗列了可能的参加者,包括下列人员:

- 被攻击的学生
- 攻击别人的学生
- 所有涉事学生的支持者和家庭成员,包括朋友或者熟人
- 事件的目击者
- 学校领导
- 照料被攻击女生的护理人员
- 与女生接触的社会工作者
- 学校董事会主席(在新西兰,每个学校有自己的董事会)
- 校长

然后，我开始了会议的准备工作。我找学校管理者谈话，向他们解释会议的目的，询问他们希望的结果。最重要的是，他们希望学校是一个安全和平的地方，为了让学生和家长相信学校，他们愿意尽一切努力提供安全的环境。如果不能达到这个结果，违纪的学生就应该被永久开除。

接着，我与这几个女生谈话，向她们解释会议的目的，以及对她们和她们父母的要求。我要求她们大声宣读写给副校长的声明，并检查声明的内容。然后，我们讨论声明中没有写到的内容，并记录下来。我委婉地解释，如果她们从会场跑出去或者拒绝参加，就会失去解决问题的机会，学校就会实施正式的处罚程序。

我解释说，我会帮助她们处理讨论中出现的任何强烈情绪。如果出现了强烈情绪，让每个人看到学校发生的这件事产生的影响是很重要的。

我给了他们一张问题清单，上面列着可能要询问的问题，并告诉她们，三天后的下午6点钟在学校图书馆见面。

然后，我与阻止这次打架的老师见了面。为了适合这次面谈，我对标准的问题清单进行了修改：

- 你是怎么参与这次事件的？
- 发生了什么事？
- 自那之后发生了什么？
- 这种情形对你有什么影响？
- 你最关心的问题是什么？
- 你希望这次会议有什么结果？

接着，我联系了几位女生的父母，向他们解释会议程序，说明会议可能带来的好处。我也提到，如果会议过程不理想，可能会考虑开除学生的方案。我问他们的问题类似于我问老师的问题，因为我不想节外生枝。我要求他们在会议过程中"话由心生",抵制任何贬低别人或者给别人贴标签的冲动。我给了他们一份准备好的清单,上面列举了我提出的观点。我不得不说服被攻击女生的父母,让他们暂时搁置向警察提出控告的想法,请他们参加会议并知晓结果后再做决定。不过,我邀请了他们联系过的警察参加这次会议。我向他们解释,为什么会议有可能会比实施惩罚产生更好的结果。我告知他们这次会议至少要进行两个小时。最后,我询问他们开场时是否要遵循一些相关的文化礼仪。

有些父母很难临时找到看护孩子的保姆,另外一些人关心交通问题,还有一些人需要协调时间才能离开单位,一些教师无法在接到通知后立即来参加会议,但会议最后还是组织起来了。

准备的重要性

准备工作是恢复性会议成功的关键,可能需要好几个小时的专业和行政工作。尽管看上去工作量很大,但有很多方法可以精简这个过程。例如,行政人员可以处理日常的工作,他们可以联系家庭成员,使用备忘录或者进行初步的面谈。在一些学校里,行政人员专门负责安排会议。一旦建立系统了,预备会议的程序就可以顺利和有效地进行。学校需要决定谁最合适做这些工作,一些事务除了文秘工作外,还需求有专业技能。

最成功的会议需要得到当地社会的支持。这意味着要用心建立关系,使参加会议的邀请看上去不像一个专制的命令,但仍然能传递出严肃性。一些学校在决心开展这项工作前犹豫不决,但是,当他们召开几次之会议后,使用这种方法处理问题的热情就会开始增长,他们就会更频繁地召开这样的会议。

准备会议

对这次会议我考虑得很多,也想了很久。我知道,这两个家庭的麻烦历时已久,这也是叫警察参加会议的一个原因。我也知道有些教师不愿意参加这次会议。阻止打架的教师对会议的效果持怀疑态度,认为学校应该当场就把违纪的学生开除。

我准备了咖啡、茶和饼干,会议结束时,参加者可以边喝热饮边聊天,而我也可以有时间完成协议,并让所有参加者人手一份。

在会议进行的当天,我安排了座位顺序。攻击者和她们的父母以及支持者坐在圆圈的一边,其他家庭坐在圆圈另一边,面对他们。副校长坐在圆圈的顶头,教师和社会工作者围坐在两个家庭的两侧。

我小心安排发言的顺序,并考虑如果出现意外怎么办。在参加者来之前,我回顾了谈话的整个过程,确保每个人都能得到尊重。在白板上,我写下很大的字:"人不是问题,问题才是问题。"

会议要开始时,我再次查看备忘录(见表6-1)。我决定在所有参加者到达时,把违纪学生和被攻击学生的家庭分隔在图书馆的两边。我要求副校长欢迎一组成员,校长欢迎另一组成员。当所有人都集合好后,我引导他们坐到指定的位置上。

表6-1 会议过程

1. 在白板上写"人不是问题,问题才是问题"。
2. 开场时酌情考虑文化仪式。
3. 建立基本规则。
4. 要求每个人介绍自己,说出他或她对会议的期待。
5. 请学校领导说明违纪事件以及召开这次会议的原因,让违纪者承认发生的事实。
6. 对问题命名,每个参与者从自己的角度说明问题是什么。
7. 在白板上把这些名字排成圆形。

8. 进行另一个循环,问每个人:"这个问题对你有什么影响?"

9. 在白板上画另一个圆。

10. 询问没有问题时的时间、地点和关系。

11. 询问当看到问题故事的例外时,对人可能会有什么新的描述。

12. 询问违纪者,在白板上两个圆圈代表的故事中,他或她更愿意让别人知道哪个故事。

13. 询问受害者,为了解决问题造成的伤害,需要做些什么?

14. 让每个人列出让事情回归正常的计划。

15. 检查制订的计划是否解决了受害者关心的问题。

16. 为计划的每个部分指定责任人。

17. 以感谢和庆祝来结束会议。

会议过程

我首先欢迎这群人,感谢他们参加会议,然后解释了会议的目的,邀请家庭代表进行开场祷告(毛利人的文化仪式,类似祷告)。

我提醒每个人,会议的重点是讨论学校发生的事件,我们要努力理解人们所受到的影响。然后,我们讨论需要做什么来弥补伤害,使事件回归正常轨道。我提醒他们,这次会议不是审讯,并要求他们同意一些重要的原则(倾听、不恐吓、不打断、不辱骂、尊重隐私)。

副校长首先说明此次会议是因为违纪事件,以及学校为什么要严肃处理这件事。然后,我转向攻击别人的女生,先让她确认副校长所说的事实,然后再告诉大家所发生的事件。在我的提示下,她解释了攻击事件的原因以及她是怎么卷入其中的。我要求她解释攻击那个女生时脑子里在想什么,我也问了参与攻击的另一个女生同样的问题。

接着,我转向被攻击的女生,询问她这件事的来龙去脉。她讲完后,我让她用几个词来概括问题。我沿着房间走了一圈,请在场的每个人做同样的事情——用几个词来对问题命名。我把每个名字都写在白板上圆圈的中间。我注意不去把人写成问题,而是用外化的语言对问题命名。现场出现很多不同视角的命名:蓄意的攻击、手机录像、打架、持续的战斗、不能接受的校园暴力、恶劣的行为、流言与暗箭伤人、蓄意的暴力、犯罪攻击,等等。每一个描述都被接受并写在圆圈中间。攻击的始作俑者也被要求给问题命名,她看上去很羞愧,没有说什么。我感谢每一个人的提议,我说:"实际上,所有写在圆圈里的都是问题,因为它包含了从每个人的视角所看到的问题。"

描述问题的影响

下一步,我发起了另一个循环,询问这个问题对在场每个人的影响。我首先询问攻击事件中的受害者。她说到她受到了伤害,而且很难堪。她妈妈补充道,她已经两天没去学校了,她很害怕回学校后再次受到这样的伤害。我让她的父母说说这个问题给他们带来的影响。对于这些女孩子之间发生的事,他们都很生气,也很担心,因为以前她们相处得很好。女生的父亲显得义愤填膺,他不能接受校园里竟然会发生这样的事。

每个人说的时候,我在包含问题名字的圆圈外画出辐条,并用一些词记录下问题的影响。例如,我写下了:两天没上学、恐惧、担心、愤怒、挫伤,等等。

接下来是询问攻击者的家人。我承认,对他们来说,听这些故事并要求他们回答相同的问题一定很难。一个妈妈发现这件事后对她女儿很生气,已经在家惩罚过她了。另一个家长也表达了对受害者的愤怒,因为这次事件的持续争斗又导致了新的冲突。

场内其他人也被问了同样的问题,教师、社工、校长每个人都简要表达了这次攻击事件对他们个人的影响。一些人感到难过,另一些人感到震惊,还有一些人担心事件对其他学生造成影响。有一个人回家后,怀疑自己是否胜任这份工作,因为她发现目睹这件事也让人非常不安。校长真诚地表示,每个学生在学校的安全对她来说都非常重要,她很难过学校名声受到了严重的损害,因为这次攻击的言论已经传到社会中。她解释道,一个好的学校名声意味着可以吸引更好的教职工,那样可以为学生带来更好的教学。

每个人发言时,他或她的话就被记在白板上包含问题的圆圈辐条的末端。我询问参与攻击的两个女生,这件事对她们的影响,以此结束这个步骤。她们在引导下表达了感受,一个人说感觉很糟糕,另一个人说感到很困扰。她们在家都不被父母待见,她们害怕被学校开除。

我问在场所有的人:"看到所有这些问题和影响有什么感想?"

他们有各种不同的反应,主要是惊讶有这么多人受到影响。

开启相反故事

这时,我说:"现在在白板上写的,是要妥善处理的问题故事。但是,问题故事没有告诉我们如何去了解人。这里有谁能告诉我们,这两个女生(发起攻击的)有哪些与问题故事不相符的地方?"

一阵短暂的沉默后,一位教师说其中一位女生曾主动保护另一位被欺负的同学。我在白板上画了另外一个圈,这次的工作是从圆圈的外部开始的,我从圆圈上延伸出一个辐条,在末端写上:"帮助一位被欺负的同学。"

我问道:"这个例子说明了什么呢?"

"说明她能保护其他人。"一位受害人的父亲说。我在圆圈的中间写上:"保护其他人。"

渐渐地,大家还说出一些其他的例子:承担家庭责任、好学生、忠诚的团队成员等。被欺负的女生也补充说,她们三个人都在同一个班两年了,之前一直相处得很好。

当第二个圈完成后,我站到那两个发起攻击的女生身边,直接问她们:

"这里是问题故事,"我说,"这里是另外一个故事,以后你们更愿意别人认识哪一个故事里的你呢?"

两个女生都松了一口气,毫不犹豫地指向积极的故事。

"因此,为了显示你们的态度是认真的,"我补充道,"我想邀请你们做些事情来弥补问题故事造成的损害。"

处理伤害

现在是诚恳地弥补伤害的时候了。

我问两个攻击他人的女生,当听到其他人都被这件事影响后,她们是否想对那个女生、她的家人或者其他人说些什么。于是,这两个女生依次向被攻击的女生、她的家人和学校道歉。

然后,我问被攻击者的家人,对她们的道歉是否满意?

女生的父亲回答:"是的,我听到她们在会上坦白了所做的一切,这很好。但是,我们怎么能确定明天或者下周会发生什么呢?她们的话说得很好,但我们需要知道她们的行动也改变了。"

我感谢这位父亲提到这个问题,也同意道歉仅仅说明态度是诚恳的。然后,我问两个发起攻击的女生和团体中的其他人,还需要做什么来弥补伤害并确保此类事件不再发生。我说,我会在白板上写出一系列可以采取的行动,确保问题不再发生。

其中一位攻击者的母亲提出,她可以每天放学后到学校等,直到两个女生从学校出来,然后把她们接回家,这样就没有机会打架了。

有些人担心其他学生可能会好奇冲突是否会继续。会议决定由其中一位教师在下周主持一个仪式,其中有一个正式的道歉,三个女生各自都选了四个见证人。女生们都同意,如果有人问恢复性会议上发生了什么,就告诉他们这件事结束了,她们的家人解决了这个问题。

一位母亲建议两个女生写一封道歉信给那些受到事件影响的人,学校可以保留一份存档,留作以后参考。她们同意了,在咨询师的帮助下,她们完成了这封信。

被攻击女生的母亲提到有学生用手机(不知道号码)录下了打架视频。她担心视频会曝光,会使冲突持续下去。大家认为,几乎没有任何人能阻止这件事在网上和其他学生手机中传播。

校长要向全校发表一份事件声明,她也会提到使用手机不当的问题。她告诉家长,在班上是不允许使用手机的,否则手机会被没收,直到放学才归还。她同意在家校联系册上向家长提出这件事。她还将在学校大会上声明,不允许带任何形式的武器到学校。如果学生在学校感到不安全,他或她应该告诉可以提供帮助的人,而不是自己采取惩戒行动。

身为咨询师,我提出愿意在每周五午休时间见三个女生,讨论他们之间的分歧,共持续四周。

副校长表态,他也会要求老师每周报告女生在课堂上的表现。

被攻击者的妈妈同意在接下来的一个月里,每天都跟女儿确认是否有任何反复出现的问题,并及时打电话向学校汇报。

我问校长,会议是否解决了她最初担心的问题,即是否要终止参与攻击的学生的学籍。她想了很久,然后转身问受攻击学生的家长是否满意会议的结果。

被攻击学生的家长也觉得开除学生没什么好处,因为她们的前途会因此受到影响。他们问女儿在学校是否真的感到安全,是否可以回到学习中。女儿相信,如果每个人都做到他们在会议上的承诺,就没什么问题了。校长说,如果家长和女儿满意,只要有后续的实际行动,她会考虑终止开除一事。

所有让事情回到正常轨道的行动都列在计划里了。会议临近结束时,我总结了大家一致同意的意见,确认没有遗漏之处。

在正式结束会议之前,最后要做的事是决定谁来监督协议。会议决定由副校长和家长协商执行这项工作。这一决定被补充到了计划中(见表6-2)。

表 6-2　会 议 结 果

- 女生们会告诉询问这次打架的人,一切都已经结束了,她们的家人解决了这个问题。
- 一个女生的妈妈同意每天放学后去学校接两个女生(那两个攻击别人的女生)。
- 一个教师为女生们主持一次正式道歉的会议。
- 两个女生在咨询师的帮助下写一封道歉信给那些受到影响的人。这封信将被复印作为资料保存在她们的个人档案里。
- 校长在全校大会上申明合理使用手机的规定。
- 校长也会在家校联系册上告知这次事件。
- 咨询师将连续四周在周五午休时间召集三个女生进行调解。
- 副校长会通过任课老师的每周报告来监督女生们的行为。
- 被攻击者的妈妈在接下来的一个月里,每天检查女儿是否再次受到伤害,随时电话告知学校任何问题。
- 副校长负责监督计划的执行,并在两周后告知家长进展情况,然后两周后再次联系家长。

"如果协议不能生效怎么办?"其中一位家长问道。

我转向校长,她明确地说:"如果协议不奏效,女生就要被勒令停课,留待学校董事会裁定。"

我问:"大家都明白了吗?"

大家一致点头同意。我热情地感谢大家的努力,并对他们全力参与解决这件事表示赞赏。

然后,我邀请所有到会的人谈谈他们对这次恢复性会议的感想。

攻击者的家长首先发言:"我女儿使我们家庭蒙羞,我们没有那样教育孩子。我们对被打学生的家人表示歉意,我也要因女儿惹了麻烦对校长说对不起。我们希望孩子好好学习,她们却学会了怎么打架。"

"我们现在要密切关注我们的女儿,我们不想要任何麻烦,但是幸好我们可以有机会讨论。感谢您安排这样的会议来解决麻烦,我本来并不想来,但是很高兴我来了。我们现在要监管孩子来学校学习,保证她们会遵守协议,因为我们认为这是一所好学校。"

"我们的社会上已有足够多的暴力,但幸好还未大量出现在校园里。我们已经意识到学校很关心孩子,这非常好。我不知道我的女儿是个班干部,这是一件很好的事。"

接着,社会工作者也感谢我们安排了这次会议。一位教师希望学校可以依靠家长对孩子施加影响,让孩子明白学校里不允许暴力存在。

其中一个女生说:"我来的时候很害怕,但是我不得不来。我不喜欢惹麻烦,我原来很好,但是我让爸爸妈妈失望了,我很抱歉。"

另一个女生说:"我要是没有听信其他人,而是有自己的判断就好了。我没意识到这件事这么严重,我以为就是打了她一下而已。但是我现在知道有多少人受到了影响,我只想继续在学校学习。"

最后,家长代表们用与会议开始时同样的祷告方式结束了会议。

小 结

在本章中,我们介绍了恢复性会议的过程,并用一个案例进行了简单说明。从它强有力的效果来看,似乎一个漫长的会议过程是值得的。这样的会议比开除学生、把问题转移到其他地方效果更持久。在这个案例中,家庭之间原本除了继续敌对外,不再有互相对话的可能。他们女儿的教育将受到很大的损害。为了保全面子,争端双方的各种支持力量会继续激起冲突。因此,所有女孩子的教育都将受到损害。与此相反,在这个真实的案例中,所有学生在冲突事件发生后仍能继续在学校读书。虽然她们不是亲密的朋友,但她们都能积极投入学校的学习中。

恢复性会议吸收了刑事司法体系中恢复性司法工作的逻辑。它基于关系理论的视角,即侵犯行为首先是侵犯了另一个人,而不是侵犯了规则的权威性。认识这个原则,可以引导我们去处理攻击行为造成的伤害,使之回归正常轨道,而不是诉诸惩罚措施,那样往往不会引起改变。

问 题 反 思

1. 你曾经受到过侵犯吗?你的伤害得到了修复吗?

2. 回想一例你见证过的通过报复性司法处理的校园攻击事件。如果运用恢复性会议,将会是怎样的?

3. 想象你学校里发生的一次冲突。这次冲突影响了哪些人,看到冲突得到解决会让这些人受益吗?

4. 针对上述冲突事件,准备一次合适的恢复性会议。根据恢复性会议备忘录,准备一次成功的会议需要有哪些步骤?

5. 如何改编恢复性会议原则,使之适用于不同年龄、文化和学校环境?

问 题 研 究

1. 学校在处理违纪行为时,就报复性措施和恢复性会议相比,两者在经济和情感代价上有什么不同?

2. 进行恢复性会议或者标准性惩罚之后,再次违纪的概率有什么不同?

3. 恢复性会议对以下方面有什么影响?

(1)学生的学业成就;

(2)同学之间的关系;

(3)违纪者的后续行为;

(4)校园氛围。

4. 深入调查一例恢复性会议的案例,会上具体发生了什么? 它对所有参加者有什么意义?

5. 将恢复性会议纳入学校,对教师、咨询师和管理者的说话、思考或者描述学生的方式有影响吗?

第七章
恢复性实践

本章内容

◎ "回归正常关系"的原则
○ 案例简介：一次推人事件
◎ 恢复性过程
○ 恢复性对话指南
◎ 小结

"回归正常关系"的原则

在上一章中,我们概述了针对一例严重违纪的恢复性会议过程。然而,并不是所有的违纪行为都很严重,需要花费精力去组织这样的会议。而且,等待事情发展到最严重的程度,才开始执行恢复性实践的原则,这似乎没有什么意义。这些原则在更基本的层面上运用,效果要比事态变得严重时更好。它们可以作为非正式、不那么耗时、低层次的干预手段,而不是被当作最后的补救手段。它们甚至能在无形中阻止事态逐渐升级,不至于需要考虑把学生留校察看。

我们要讨论哪些恢复性实践的原则呢?最基本的原则是,对关系而不是对个体进行思考。尤其是当有人做了错事,相对于对规则和权力的破坏,更可能多考虑对关系的伤害。基于这个原则,教师、管理者和咨询师对违规行为的反应也会随之发生改变。不是求助于报复性的惩罚，而是让那些参与冲突的人首先去解决问题对关系的伤害。为了简单描述，我们把所有恢复性实践都包含的基本指令叫"**回归正常关系**"。

与之相反，惩罚不仅无法帮助到受害者，它还会伤害侵犯者，目的只是为了进行道德说教。通常这样的说教，充其量进入了侵犯者的内心，而没有应用到他与别人的关系上。隐含的信息常常是"下次做更好些"，并没有要求侵犯者承担起责任，纠正**这次**造成的伤害。通常情况下，除了侵犯者外，其他人也不会从惩罚中获益。我们本来有希望回归正常关系，但几乎没有齐心协力来确保这一切发生。

我们需要做些什么来解决关系的伤害，使之回归正常轨道呢？第一个要求是不要孤立侵犯者（这是报复性司法通常的做法），而是促使他与受害者保持对话。专业工作者的角色——可能是学校咨询师，也可能是教师（如以下案例所示）——不是要承担捍卫规则的任务，而是要促进侵犯者和受害者重建对话。如果有直接的受害者，需要得到确认，并让他或她说出是怎么受到伤害的。如果有其他人受到了间接影响，也可以邀请他们进入关注这个问题的团体，并给他们表达意见的机会。

对话最初的关注点需要集中在问题对关系的影响上。请注意，对影响的关注不同于寻找违法行为的根本原因。原因存在于过去，而且常常太复杂，难以梳理，甚至找到了原因，也不会发生什么变化。寻找原因是看向过去，而调查问题的影响是指向未来，这才是恢复正常的方向。

外化的叙事实践帮助我们对侵犯行为命名，避免了把人变成问题的缺陷论逻辑。调查侵犯行为的后果，主要是让人们描述问题的影响，这样就能澄清侵犯行为所带来的伤害。接着，可以询问受到影响的人，如何将伤害降到最低或者消除它们。然后，再邀请侵犯者去承担责任，纠正错误。用叙事的术语来说，这最后一步开启了不同于侵犯故事的支线故事。

为了更好地理解恢复性实践的操作过程,我们以发生在一所高中的故事为例。这是一次相对简单的恢复性对话,虽然这次违纪事件在班上造成不良影响,但很快得到平息。促成这次恢复性对话的是一位受过恢复性实践训练的教师。

案例简介:一次推人事件

教师在教室的另一边帮一个女生辅导功课,从眼角的余光望去,她看到巴基(Paki)从椅子上站起来,走到乔治(George)那里猛地推他。

"不好意思,我去看一下。"她对刚才那个女生说。然后快速走到那两个男孩跟前,果断地说:"现在就回到你们的座位坐下来。你们知道这样是不被允许的,你们俩下课后找我说明扰乱课堂的情况。"

"知道了,老师。"另一个男孩回答。

"这件事先不在课堂上公开讨论。"她镇定地说。

尽管教室里明显有紧张气氛,但教师开始继续上课,没有再提及刚刚发生的干扰。

下课的时候,其他同学离开时,两个男孩慢吞吞地走到老师面前。

教师看着两个男孩说:"我们可能需要几分钟,或者需要更长时间来处理这件事。如果是那样,你们午间休息时必须来找我。现在,我要根据我看到的情况,问你们一些问题,看我们是否能快速解决它。"

她转向巴基说:"发生什么事了?"

"我听说他放学后要揍我,所以我才会推他。"

教师把目光转移到另一个男孩:"乔治,对这件事你有什么想法?"

"我太吃惊了。我没有料到会发生这样的事。我刚刚坐下来准备这写作业,他就走过来把我推下了椅子。有人说,我放学后会揍他,但这只是个谣言而已。"

教师又看着巴基问道:"你推他的时候是怎么想的?"

"我想让他知道我不怕。"他回答。

"整件事发生后你是怎么想的?"

"我不应该在上课的时候推他,但是我想让班上每个人都看到我不怕他。"

"你被推后,对这件事有什么想法?"老师问乔治。

"我不知道为什么会这样,我想站起来再去推他,我还没有采取任何回击。"

"这件事对你有什么影响?"老师问。

"这件事让我很恼火和抓狂,我也觉得很难堪。"

"对你来说,最糟糕的影响是什么?"老师询问。

"我从来不希望有麻烦,但是现在我不在乎了。其他学生会笑话我,这是一种羞辱。"

她转向巴基说:"你觉得还有谁受到了这件事影响?"

巴基想了一会说:"哦,班上每个人,至少看到的人都受到了影响。"

"还有谁?"老师继续询问。

"您也受到影响了,这件事让您被迫停了一会儿课。而且我觉得,之后的课堂跟之前都不一样了。"

"这件事对所有你提到的人都有什么影响?"

回答这个问题花了一点时间。

"我不知道,"他耸耸肩,"我猜他们当时想接下来会发生什么,我觉得他们无法再集中注意力学习了。"

"这件事已经明显影响了班上的很多人，包括我。你说得对，它干扰了我在课堂上的教学。"

老师问巴基："你需要做些什么来纠正这件事的负面影响呢？"

巴基看着地板咕哝道："我需要向乔治道歉，我还要向您道歉，我引起了这场闹剧。"

"你想现在就做吗？"老师问道。

巴基轻轻站起来与乔治握手。

"对不起。"他说。然后，他看着老师又说了一次："对不起"。

她知道对于巴基来说，用这样的方式道歉已经是迈了一大步，所以她接受了道歉。

"谢谢你，巴基。"她说道。

教师看着乔治问他同样的问题："你需要做什么或者有什么要求来纠正这件事的负面影响呢？"

"我需要知道这样的事不会再发生了，我只想让一切恢复正常。"乔治说道。

"好的，我们怎样才能确保这种事不再发生呢？"老师问道。

"老师，它不会再发生的，您可以放心。"巴基很快说道，"如果我听说乔治要打架的话，我会直接问他，而不是听其他人说什么。"

"乔治，我们怎样才能确保这种事不再发生呢？"

"我会告诉我的朋友，这件事现在已经解决了。"乔治说。

"我想要你们下节课在班上向他们道歉，因为这件事打扰了每个人。谢谢你们讨论这件事，解决这个冲突。"

在老师的支持下，两个男孩在班上道了歉。他们后来成了好朋友，在后来的学年里,整个班级学习状态都很好。老师把这件事看成一个很好的学习机会,关于如何处理暴露在谣言和麻烦中的关系,每个人都能从中学到一些重要的原则。在整个学年中,她多次借鉴这次经验,提醒全班同学如何从日常活动中学到积极的经验。

故事的亮点

我们要强调这个故事中的一些亮点。第一,教师不是告诉两个男孩他们错在哪里,而是问一些问题来揭示事件造成的消极影响。学生得到了尊重的对待,而不是被羞辱。教师询问他们一些问题,假设他们是有能力的道德行为主体,有值得一说的意见。

第二,道歉的主意不是出自教师,它是两个男孩在回答老师的问题时提出来的。这个想法被男孩们欣然接受,增强了他们之间的关系。现在我们可以说,这是班级中关系故事的情节发展了。

第三,问题事件对其他目击者的影响得到关注;在努力使事情回归正常的过程中,他们的担心得到关注,而不是被忽视。在这个案例中,他们并没有发出直接的声音,但是他们要说的话很容易被想象出来。在其他情况下,谈话可能要询问一下重要目击者的感受。另外,肇事者应该向全班同学表示歉意。必须承认的是,这起课堂冲突对在场的每一位学生都产生了影响。

第四,在这场简洁谈话的最后,潜在的爆炸性问题得到有效处理。如果忽视的话,它就可能会逐渐恶化。对于教师来说,这样做并不难,因为她或多或少在培训活动中预演过这个脚本。一些教师甚至准备了写好脚本的便签,根据提示就能得到同样的成功结果。然后,经历了几次恢复性对话之后,他们就能丢开脚本提示,把重点放在关系的转换上。一旦他们在这个过程中建立起自信,就可以专注于"回归正常关系"的结果。教师需要有意愿并且更用心地思考关系在教学过程中的中心地位。

第五，无论从情感还是道德上来说，"回归正常关系"的任务都比大多数惩罚手段要求更高。与其说它是强制性的，不如说它是由对话产生的，然后在对话中发展。同时，教师和学生的关系不仅得到维护，而且在问题解决中得到加强。事实上，这样的解决似乎有持续的积极影响。

整件事可以说是给两个男孩和班上其他同学"上了一课"，尤其是当我们基于更广阔的教育视野来培养儿童和青少年时，就更为如此。恢复性过程充满了尊重，即使在关系受损的情况下，参与者也能借鉴和体验这种对话。

教师也获得了学习。通过有效倾听，教师运用了以前可能不知道的方式来了解她教的学生，知道了他们关心的并能激励他们的事。她对学生所说的一切都显示出尊重。因为好的教育取决于有效的师生关系，因此，她更有可能成为与男孩(和整个班级)友好相处的好老师。

这种方法是可持续的，不要求很多财力或培训，很容易在开学之初由恢复性实践的受训者介绍给有兴趣的教师。接下来的问题就是教师要去运用它，通过一些提问来练习这种方法，不要害怕去尝试。此外，这种方法自始至终维护了教师及其和学生关系的完整性，而这一切是惩罚永远不可能实现的。

恢复性过程

用线性方式安排整个恢复性过程总是会存在风险。这么做虽然简化了流程，使它显得整齐和有序，但对话是件麻烦的事，很少会根据地图上规划好的路线进行。存在的风险是：人们要么拘泥于地图，发现它不符合现实的谈话情境;要么偏离地图上既定的路径,从而迷失方向。任何一种情况都会导致地图很快会被宣布无效,而这一流程也将由于浪费时间而被丢弃。

另一方面,学习使用一个新的流程,如果不想在开始之前迷失方向,我们常常需要一张地图。而且,地图的特性就是使流程简单化。有用的地图既不会过于简单,也不会过于复杂,它最重要的用途就是,在我们不确定方向时提供引导。为提高对话的目的性,有必要记住一些地图。当一个人意识到对话偏离了轨道并感到彷徨时,它可以缓解焦虑,提供一个参照点。

因此,我们为恢复性对话提供了一份地图,并要求大家明智地使用它,而不是盲从复制它。这意味着在对话开始阶段把它作为备忘录,并作为参考来回答内心的疑问:"我们进行到哪里了?"因为对话比较复杂,不是线性的,我们应该承认,有时候需要按照地图的程序循环两次,甚至三到四次。

阶段1:建立对话

这一阶段的任务是决定谁参加对话,并确定对话开始的时间和地点。在上述案例中,教师把推人的学生和被推的学生——侵犯者和被侵犯者——列为对话成员。从最简单的角度来看,处理一件小事这两个人就足矣,受到伤害的关系才是重点。然而,扩大范围通常也是有好处的,可以把其他学生或者旁观者也列入对话圈。或者把其他教师也包括进去,违纪学生与被攻击学生的父母也可以参与对话。这个阶段的问题是:"谁被发生的事影响了?""看到事件恢复正常,谁会受益?"

对话需要在没有干扰的时间和地点进行,不应该在班级上,也不应该因为时间限制而有压力。但我们也不建议需要留出几个小时,类似上述案例可以在几分钟之内完成。

阶段 2：确认问题

一旦把对话参与者召集到一起，解决问题的任务就开始了。我们需要叙述发生的故事，倾听并确认来自不同视角的声音。在上述案例中，教师很小心地不把任何一方作为问题的原因。问题被命名为一个关系事件，用外化的语言称其为"事件"。注意不能这样称呼问题，例如，类似"巴基发火了"，因为那样会把问题归咎于某一个人，使它更难被视为一个关系事件。

阶段 3：描述问题的影响

下一步是追踪问题对所有相关人员的影响。有时候，画一个像地图那样的示意图会让这一步骤更容易。正如之前的章节所描述的，有辐条的圆形图也能用在这样的小规模对话中。问题的名字放在圆圈的中央，从圆圈上伸展出来的每一个辐条代指问题对每一个人的影响。这些影响可能是情绪（"它让你有怎样的感觉？"）、认知（"它让你有怎样的想法？"）、行为（"它让你想做什么？"）和关系（"它怎样影响你们之间的关系？"）。请注意，当谈及这些问题和人之间的关系时，"它"指代的便是每一个影响的源头。

重要的是，这些影响不能立刻被当事人觉察。在上述故事中，教师和班上的其他人也受到了影响，而这些影响都要进行探究。对于这些影响，这些人通常可以说出自己的看法。当然，我们也应该询问在谈话现场的每个人受到的影响。然而，在场的人可以想象出该事件对其他人的影响。

对谈话来说，重要的是增强每个人对冲突的扩散效应的理解，它们很少局限在当事人的直接经验之内。恢复性实践和报复性观点的关键不同是，学校当局不能独断地解释这些影响。换句话说，教师和管理者应该避免坚持认为任何轻微的违纪行为都是对抗学校规则。每一种违纪行为首先应该被理解为是关系事件，而不是制度性的事件，而且应该认真研究它对关系的影响。

阶段4：处理伤害

一旦对伤害做了全面的描述，就应该明确责任做一些修复。对话可以致力于恢复正常的行动。如果有人伤害了别人，可以要求他或她承担责任，使一切回归正常轨道。

我们可以询问所有相关人员，包括攻击者："你怎样看待这个问题造成的所有影响？你能接受这些影响吗？"如果回答"不能接受"，接着可以问："为什么不能接受？这个事件产生这么多影响有什么不对？"如果回答"能接受"，我们可以问："如果继续保持这个状态或者变得更糟，或者如果其他人也这么对待你，你介意吗？"

这时，开启意愿故事的时机就到了。先问一下这个问题是很有用的："为了使事情恢复正常，需要做些什么？"可以问攻击者和受害者同样的问题。然而，后续也可以使用不同的方式，可以问受害者："你需要些什么来结束这次事件，并解决由此对你产生的影响？"可以问攻击者："你希望做些什么使关系回归正常？"其他人也可以参与到这次对话中，可以问他们有没有回归正常关系的办法；也可以问他们："你能做些什么使关系回归正常？"

阶段5：形成计划

根据上述阶段4中对话的反应，可以草拟一份一致同意的行为清单。它需要具体到谁做什么，什么时候，什么地方。它还需要一份计划来检查执行情况，因为恢复正常不仅仅是漂亮的言语，道歉的效果取于它所体现的行为。用叙事术语来描述，道歉不是故事的结束，而是一个开始——一个更好关系故事的开始。应该要求参加者在道歉后有一个后续行动，以推进事情恢复正常。

恢复性对话辅导

	阶段	问题样例
1	建立对话	谁被发生的事情影响了？ 看到事情恢复正常，谁会受益？
2	确认问题	发生了什么？ 你扮演了什么角色？ 我们怎么称呼它？ 什么让你卷入麻烦中？
3	描述问题的影响	它让你有什么感觉？ 它让你做了什么？ 它让你想了什么？ 它对你与别人的相处有什么影响？ 它对其他人有什么影响？
4	处理伤害	你怎么看待这件事对别人的影响？你高兴吗？这公平吗？ 对受害者： 如果要让事情恢复正常，你需要些什么？ 对攻击者： 我们怎样才能确保这样的事不再发生？
5	形成计划	谁将做什么？ 什么时候？什么地方？ 我们怎么知道这些完成了？

应对小争吵

以上描述的恢复性对话的故事，不像前面的章节恢复性会议处理的违法事件那么严重。但是，学校里仍有很多不大不小的争吵。有时候，这些争吵会引起轻微的肢体冲突，但通常是导致互相侮辱和愤恨。这些问题也可以用恢复性实践来应对。受过恢复性实践训练的教师可以进行干预，通过简捷的对话来处理伤害，帮助学生回归正常。

正如我们之前提到的,秘诀在于关注关系的损害,而不是做出惩罚的反应。教师与其用权威去压倒一切,不如用权威去促成变化。如果把问题看成问题,而不是把人当成问题,由此进行一些简单的提问,很快就能带来很大的不同。下面有一些问题样例:

- 争吵让你们做了什么?
- 它是如何掌控你的?
- 争吵是否会让你违背自己的判断去做事?
- 你更希望发生什么?
- 什么能使一切恢复正常?
- 你愿意那样做吗?
- 事情就这样结束了?或者你还要做些什么?
- 需要在午休时间和你进一步谈谈吗?

每一个问题都可以很快地得到回答,整个过程在三到五分钟之内就可以搞定。如果谈话顺利,就可以避免后续的不良影响。如果学生不愿以这种方式处理关系的伤害,则可能需要提出进一步的解决办法。

在本章中,我们继续阐述了恢复性实践的精神。为了更完整地讨论这段简短的叙述,我们推荐读者阅读温迪·德鲁瑞(Wendy Drewery,2004)、凯茜·克罗宁—兰普和罗恩·克罗宁—兰普(2010)的作品。列出一些处理侵犯行为的做法当然很好,但只有愿意把它们看成学校社区风气的一部分,才能发挥它们的效应。总之,恢复性实践包含了学校理想的初步愿景,它们不只是一个保障纪律或者行为管理(积极或消极)的简单工具。它们表明社会开始关心年轻人并督促他们相互关心。学校接受了这一使命,不仅仅是为了得到更好的分数而去解决问题,他们正致力于培养更优秀的公民。

关注我们的行为如何影响了其他人,这一重要责任不仅是主动承担的,也是在这个过程中潜移默化地习得的。恢复性关系从长远来看是尊重的关系。尊重的含义是愿意把他人视为道德主体,有能力采取有意义的行动,而不是认为对方理应被剥夺这个权利,惩罚只不过显示了强者的权力而已。在多元化的社会中,这一社会愿景最大的挑战就是超越差异和分歧。尊重与我们有所不同的人是很难的,尤其是在根本的方面不同的人。我们认为,冲突情境是学习尊重的最佳场所,它不仅能使个体受益,而且能使整个社会都从中获益。

小　　结

我们在本章中首先概述了恢复性实践的一些原则:(1)思考对关系的伤害,而不是对个人或权威当局的影响;(2)听取更多的声音而不是孤立侵犯者;(3)关注行为的影响而不是原因;(4)处理伤害而不是进行惩罚。

这章介绍了一个教师在实践中运用这些原则的案例。然后,它概述了恢复性对话的五个阶段,主要包括建立对话、确认问题、描述影响、处理伤害、形成计划。

这一章的最后评论了恢复性实践过程所产生和依赖的关怀精神。

问题反思

1. 思考在你学校发生的问题事件。对每个人来说,思考关系的伤害而不是修复权威有什么含义?

2. 你如何培训教师使用恢复性对话的指南?

3. 你如何应对教师在使用这些提问时的质疑?

4. 当小孩子之间发生小争吵时,你如何操作这些过程?你要对"脚本"做什么改编?

5. 谁来负责培训教职员工和监控这些变化的影响?

问题研究

1. 你如何证明在学校里使用这些方法会引起关系的变化?

2. 用恢复性实践处理关系问题需要多长时间?用恢复性实践处理关系问题,从而避免反复转介,节约了多少时间?如何衡量?

3. 你如何记录这些实践,以便开发和完善恢复性会议过程?

第八章
圆圈对话

本章内容

◎ 圆圈对话的历史和目的
○ 案例简介
◎ 小结

班级里学生之间的关系是所有学校学习的基础背景，当它们被冲突割裂时，不仅人际关系受到伤害，还会影响到学习。在本章中，我们将讨论一种冲突解决的方法，它不是关注特殊的人际关系，而是解决整个班级的人际关系网络。这个方法使用了被称为"圆圈时间"的对话形式，重新调整在整个班级中引发冲突的动力，并提供了建立和平的机会。

　　圆圈时间可以用于各种目的的对话。我们在这里介绍它，是想修复因班级中很多学生之间的琐碎冲突而损害的关系。有时候，班上很多学生都卷入到一个关系问题中，针对这个问题围成一圈，建立一个有组织的对话，可以让每个学生的声音都能被听到。这是对专业时间的有效利用，因为它有可能阻止一些关系模式，如果放任自流的话，就会发展为欺凌、行为问题和严重的学习干扰。班级上的问题可能首先被学校管理者注意到，他们认识到圆圈对话的价值，然后邀请咨询师实施这个方法。

圆圈对话的历史和目的

很多本土族群长期使用圆圈对话解决问题,讨论影响部落或社会的事件,或者解决冲突。在新西兰,毛利人的会议经常采用圆圈对话的形式。在加拿大,本土的圆圈对话模式已经发展成为恢复性司法实践(Stuart,1997)。在很多家庭,晚餐桌就是家庭成员卸下白天事务、讨论各种琐事的地方。

在英国,学校倡导通过"素质圆圈时间"来教授一系列社会技能,包括对话、倾听技能,并在学校中培养优良的行为。珍妮·莫斯利和玛丽琳·图(Jenny Mosley and Marilyn Tew,1999)阐述了圆圈时间的一系列作用,他们还详细介绍了创立圆圈对话的方法。在这里,我们的兴趣在于它的一个特别用处:解决冲突。

在美国,圆圈对话也指"团体对话",和世界很多其他地区一样,它在小学里是很常见的实践。珍妮·吉布斯(Jeanne Gibbs & Ushijima,2008)在她称作"部落"的项目中用了这种方法。她在该项目中强调,要在班级中创立一种基于尊重、合作和互动的氛围。然而,在高中阶段,用对话圈解决问题或者建设有意义的人际关系逐渐不复存在。也许是因为教室结构,或者是有这样一种假设,即青少年可能认为圆圈对话只适合儿童。在大型的中学,课程更加分散,学生不会整天都在一起学习,青少年的孤独感和疏离感可能被学校忽视。因此,有更多的理由说明圆圈对话能在创造积极的学校风气和解决冲突中起到重要作用。

圆圈代表了一个没有开始和结束的完整链条,其中每个人的贡献都是等值的,对话可以沿着圆圈进行,也可以任意横穿。圆圈是包容的,它使每个声音的意义都清晰可见。它们也可以说是消除了隐藏的可能性,每个人对其他人都是可见和可负责的。

在教室里,圆圈的结构至少暂时使教师的角色去中心化,转变了关系的动力。教师不再是班级管理者的角色,而变成了学生的倾听者。此外,圆圈还可以使任何一个学生避免站在中心位置,以及避免被羞辱或指责。相反,它把学生之间的关系、学生与教师之间的关系放在中心位置。它认为群体中的任何问题都是因为整个团体关系而存在的。正如教室里所有人都对不和谐的局面"出了一份力",他们也都能为解决影响所有人的问题做出一份贡献。特殊的圆圈结构开辟了新的说话方式和倾听他人的机会,打开了希望的通道。通过这种方法,就能拥有一个新的关系故事。

不是所有班级会话都应该采用圆圈的形式,对于教和学来说,圆圈对话通常不是最好的形式。但是,一旦座位排成一圈,相比正常的座位安排,就代表要开始一个不同的对话。这种不同能开启新的视野,改变人们谈话的内容和方式。

在时常碎片化和分离的世界里,圆圈是增强人们之间联结的场所。随着传统家庭结构的不断改变,年轻人不再被要求参与家庭问题的解决。他们趋向于忠于同伴群体,只接触有限的观点和意见,因此很少有机会听到关于他们世界的不同意见。

学校里的圆圈对话除了可以应对各种各样的麻烦,还可以起到预防的作用。它们能用于创立一个独特的班级身份,巩固积极价值,建立以前无法获得的联结。人类学家芭芭拉·耶霍夫(Barbara Myerhoff,1982)相信,群众社团一起谈话有助于形成个体和群体的身份故事。"圆圈对话"把我们界定为某个团体的成员,构建了我们与其他人之间的关系。因此,圆圈提供了"明确的仪式",个体、团体或社会身份就此形成。耶霍夫认为,当人们在团体中大声讲故事的时候,对聆听者的影响是深刻的。她说:"聆听者被改变了。"(p. 116)

圆圈时间促进了年轻人价值系统的发展,这样使民主得到繁荣。在这里,我们将通过一个故事来说明它的作用。在这个案例中,迈克是故事的叙述者。

案例简介

"我的辅导班好像出了什么问题。"教师在早间休息喝茶时说道。

"哦,"我回应道,"你估计问题出在哪里呢?"

"我说不上来是怎么回事,但是班上不断有小麻烦和紧张的气氛。"

"有什么迹象说明了这些呢?"我进一步探究。

"他们花很长时间才开始学习,不听我的话,不参与班级讨论,上课窃笑,迟到……你指的是这些吗?"

"是的,"我回答道,"这些现象对班上同学和你有什么影响?"

"他们看上去不开心,很安静的学生似乎害怕那些闹腾的学生。至于对我的影响,我很担心自己是否能完成教学任务。我知道他们有潜力,但是他们不能定下心来,已经有四个星期了。我一直在努力让他们好好学习,我的其他班级都很好。我不能理解为什么会这样。这个班的其他老师说,班上有很多贬低和嘲弄的现象,一些学生似乎竭力破坏班级。"

"我有一个想法,可能在这种情况下会起作用。我建议先去问问他们,看看他们能否发现解决问题的办法。"

"我已经试过了,但是他们不能给我任何答案。"

"如果我们把全班同学围成一个圈,让他们有机会说出内心的想法,思考怎样做出改变,也许会有帮助的。我会制订计划,我们作为一个团队一起工作,你说这样如何?"

她初步同意了这个建议,我们确定了组织这次圆圈对话的时间。她承认有一些担忧,因为对她来说,这是个新鲜事物,但是她愿意试一试。

建立关系圆圈

在召集全班学生之前,我分析了每个人的测试结果,发现他们有各种不同的能力。这个班级是多元文化的集合体,在学生个人档案上,以前学校的评语揭示了很多"问题",例如,家庭问题、学习和社交困难、违纪事件等。我暗暗对自己说:"难怪!"

我创建了下列计划,与这位老师一起讨论。圆圈对话的目标是解决班级冲突,决定如何做出改变。其他老师的报告中提到一连串的嘲弄和贬低,阻碍了很多学生的学习。圆圈对话可以提供一个过程,在这个过程中,所有学生都有发言权,说明发生的事情以及它的影响,从而产生解决方案。学生和教师共同为发生的行为承担责任。

我和这位教师决定不让学生预先知道这个圆圈对话。我们认为,出其不意有助于成功。当班上学生陆续进入教室后,发现我坐在教室里,他们感到很惊讶。他们闹哄哄地坐到座位上,教师向学生问好并要求他们安静。然后,我介绍了自己,并要求他们快速地把桌子放到教室的 边,再把椅子围成一个圈。我解释道,我和教师会坐在这个圆圈里,圆圈里不留空椅子。男生和女生围绕圆圈间隔着坐,这样做是为了阻止同伴拉帮结派,在对话中形成小团体势力。

学生们问我这是要做什么,我说等大家坐成一圈后,我就告诉他们。学生们的期待是显而易见的,老师很惊奇地看到他们高效地完成了第一个任务。然后,我告诉学生圆圈对话进行的规则(见表 8-1)。

我解释了圆圈对话的基本原理,并讨论了这次会话的规则。我还解释了当大家分享想法和感受时,需要有安全感,以及如何形成安全感。当圆圈对话结束时,所有讨论的内容只能留在教室内。

表 8-1 圆圈对话指南

> 1. 人不是问题,问题才是问题;
> 2. 有人说话时不要打扰;
> 3. 对话沿着圆圈依次进行,也可以跳过去,但最好不要这样做;
> 4. 如果想说话要先示意;
> 5. 不要有贬低;
> 6. 不要用消极的方式称呼别人;
> 7. 最重要的是创造新故事,而不是重复问题故事;
> 8. 在这里所说的一切只能留在这里;
> 9. 圆圈对话是一种民主的形式,每个人都是重要的,都有表达的权利;
> 10. 这是一个特殊和神圣的课堂时间。如果你不能坚持原则,就会被排除在外,也没有发言权,你得坐在圆圈的外面。
> 11. 使用一些特别的手势。伸开手掌意味着我有话要说,举手意味着我听到有贬低的话,或者我看到有人没有参与。

设置对话议程

一些学生激动地说:"我们在以前的学校做过这些。"

这表示学生有进行圆圈对话的积极性。接下来我设置了会议的议程,包括回顾我们将要讨论的问题和期待的结果(见表 8-2)。

表 8-2　圆圈对话的议程

1. 开始对话时要求片刻的安静。把"人不是问题，问题才是问题"写在黑板上。

2. 循环1：是什么使这个班的学习变得困难？不要指名道姓，只说行为。这些事情对你有什么影响？[加西亚老师（Ms. Garcia）将把你们的想法写在白板上。]

3. 循环2：什么有助于这个班的学习变得更容易？举一些正在发生的例子来说明。

4. 循环3：我们应该做什么才能建立良好的学习氛围？

5. 为了让这些事情发生，你个人准备做什么？学生们可以写下为了改变现状所采取行动的首字母。

6. 循环4：关于未来计划的开放式讨论。记住运用手势。我们应该做什么来巩固这些变化？教师能提供什么帮助？后面要做什么来确保履行这些承诺？

7. 循环5：回顾每个人对变化的看法。它带来了什么不同？我们什么时候组织下一次圆圈对话？今天讨论的工作完成后，我们可以组织一次达成和平关系的庆祝活动吗？

8. 循环6：赞扬和感谢。要求每个学生赞扬或感谢班上的其他学生。每个人都必须说一些积极的事情。

这种期待的氛围给了我把这次对话发动起来的机会。

解决问题

"是什么使这个班的学习变得困难？"我开始说道，"我也很有兴趣了解这些事情对你们个人产生了什么影响？"

这个提问确定了班级人际关系的问题故事,并追踪了这些问题对每个人的影响。因为班级关系是由复杂的人际互动构成的,所以问题故事可能有很多维度。只要遵守规则,所有的观点都应该被接受,没有人对问题的描述比其他人的描述更好。

学生开始解释他们经历的很多困难,他们指出班上紧张气氛背后的东西。他们谈到什么对他们来说重要的,以及他们多希望被人倾听。

"我来的时候不认识任何人,交朋友很难。"

"班上的吵闹声太多,我无法集中注意力。"

"我回答问题的时候,他们嘲笑我。"

"有些人没头脑,很不成熟。"

"我没法信任这里的任何人。"

"教室里到处是吵闹声,老师没法开始上课。"

似乎每个人都有很多话要说,当他们没有新内容补充时,说明已经说得差不多了。教师坐在圆圈里说完她对教学困难的感想,然后站起来,在白板上开始记录所有学生的想法。

开启相反故事

所有人都发表意见后,我引入下一个循环。

"什么有助于这个班的学习变得更容易?"

这个问题寻求相反的关系故事。在问题故事的控制下,相反故事一开始可能很难识别。所以,耐心是很有必要的,预期要花费较长时间它才能出现。学生们开始发言之前有一阵沉默。

"注意听讲。"茱莉亚(Julia)试探地说。

"这是个好的开始,"我说,"谢谢你,茱莉亚,现在请按顺时针方向依次发言。"

"把所有学习用品准备好。"

"我们一进教室就安定下来。"

"控制教室里的吵闹声。"

"做些有趣的事。"

"多点活动。"

"所有人一起合作。"

"好听的音乐。"

"我喜欢这个班级,它让我感觉很好。"

"最好能信任别人。"

一些学生说,他们的想法已经被别人提过了,因此,话题传递给下一个人。所有人都有机会发言后,我问大家,是否有人在刚才那个循环中注意到自己的不同之处。这个问题邀请全班同学充实之前提到的弱小的相反故事。它把所有建议聚集在一起,并邀请人们围绕它们来创造意义。为了创造一个可行和可持续发展的相反故事,这种充实是非常重要的。

"我以前从来没有想过这个事情,"卢卡斯(Lucas)发言道,"这个很重要。"

"谢谢你,卢卡斯。"我说道。表达感谢比评判说"好"更可取,它唤起了一种不同的关系,更少关乎权威,更多肯定个人的创造力。

行 动 承 诺

"下一个循环要考虑的是做出承诺,努力让每天都有所不同。我希望每个同学都谈谈你们可以做些什么,使这个班成为最享受学习并友好相处的班级。加西亚老师将在中间一栏写下你们的提议和你们的名字;会谈结束后,她会打印出整张表,这样你们就都有了一份为班级做贡献的行动计划。那么,谁先开始呢?"

这个问题的目的是把建议转变为行动,它也能进一步丰富相反故事,但是要根据行动蓝图(White, 2007)进行,而不是意义蓝图。接下来计划的是班级关系故事的一系列情节发展。每一个发展都会在这个圆圈产生回响,因为每个人都能听到这个计划。

"我会努力压低我的声音,"蕾拉(Layla)说,"如果其他同学声音太大,我会告诉他们安静一点。"

"我会多听老师讲课,不让自己分心。"

"安静地来到教室。"

"阻止其他人嘲弄别人。"

"不回应其他人的评论。"

教师认真地写下所有的意见。在第三个循环的最后,她的白板上已经有非常详细的信息,涉及同学们如何看待班级学习环境、他们想要的状态以及如何实现这些明确的计划。

记录学生们的意见并传播它们,有助于产生持久的回响。这样就把口头承诺转化为书面文件,赋予它们更重要的地位和合理性,不至于只是昙花一现,因此更有可能坚持下去。

我感谢学生们的贡献和全程投入地发言。我告诉他们,他们的诚实和改变的意愿给我留下了深刻的印象。

"现在,我想问问你们对用这种方法解决问题有什么想法。"我说道,然后坐下来等待,会场出现一些不安的笑声,学生们看上去有点不知所措。

这个问题使课堂关系的新故事有了新的转折点,现在重点询问这件事的意义，故事再一次变得丰富起来。

一个学生举起手。

"我觉得这个圆圈对话很好，"施威尼尔(Shivneil)说，"我没有意识到有这么多嘲弄和贬低。现在我知道了，我可以行动起来。"

"我喜欢像这样说话，围成一个圆，我平时不怎么说话。"拉维(Ravi)说。

"我们什么时候可以再这样做？"朗达(Rhonda)说道，"太酷了！"

"等你们把班级发展成想要的状态，然后也许能组织一次小型庆祝活动，也邀请我参加，我可以给同学们带一个蛋糕和足够多的果汁。"我说。

"在我们把教室恢复原样之前，下一个也是最后一件事是赞扬和感谢的环节。"我邀请圆圈里的每一个人赞扬和感谢另一个同学，因为这个人让他的每一天过得更好了。

"我先开始，"他们的老师说，"我要感谢所有看到我沿着操场跑步时跟我打招呼的同学。"

"我要感谢乔治娜(Georgina)、蕾拉和玛莎(Marsha)帮助我学习。"

"我要感谢帕特里克(Patric)、佩奇(Page)和朱达(Judah)，我们在午间休息时玩得很开心。"

"我要感谢卡尔文(Calvin)在上课前等我，我们一起坐下。"

"感谢蕾切尔(Rachael)在我离开的时候，打电话给我告诉我缺的功课，给我看她的笔记。"

"这些感谢都非常好，"所有学生都说了一些对同学积极的话后，我说，"听到这些感谢，你们觉得有什么不一样？"

再一次，我邀请他们思考这个班级正在建立的关系的意义。

"这样的谈话让我想来学校。"

"我不知道同学们会这样感激我。"

"我感觉自己现在比较好,我能帮助我的同学。"

"我们应该再来一次这样的对话。"

学生们在思考这次讨论的影响时,发表了很多评论。

"感谢你们用这种成熟的方式一起讨论。"铃声响的时候我说道,"现在让我们把桌子和椅子放回原处吧。"

在全班学生列队离开后,教师和我进行了谈话。

"迈克,我必须承认,对这次会谈的进展我是没有把握的,但我很惊奇学生们是如此真诚。他们的反应是如此诚实,他们自始至终积极投入到讨论中。一些学生从来没有在班上发言过,他们为自己的行为承担责任、爽快地承诺做一些积极的事情,给我留下了深刻的印象。"

两周后,教师报告说,班上的学生学习很投入,关系更和谐了,大家相互支持。在这位教师后来的课上,学生积极参加讨论。当某个同学回答问题时,班上没有其他人嘲笑。学生们有序地进教室,对老师的问题能做出更好的回答,在课堂也表现得更加认真。一些学生感谢老师组织了这次圆圈对话,带来了更好的课堂。同一部门的其他老师也要求在班上组织圆圈对话,并很热心地自己操作这种对话。

小　　结

本章介绍了运用圆圈对话来解决班级里不断浮现出来的冲突。有时候,我们需要营造充分的变化来推动不一样的故事。通过教师纠正个人行为所带来的微小变化，常常无法产生足以持续下去的改变。如果举行的圆圈对话是恰当的，就可以立即改变很多事情。它使新的信息进入了关系和组织，用格雷戈里·贝特森（Gregory Bateson）的话来说，是构建了"制造不同的不同"。圆圈对话打破了通常的优势关系模式，把新的伦理规范引入到班级关系中，使所有班级成员的声音都能被听到，也让大家能听到新的观点。同时，教师的角色也得到尊重和包容，她既进入圆圈参与对话，也作为聆听者记录学生的观点。处在这个角色下，教师能扩大学生的重要表述的影响，她的角色与促进学习的任务完全一致。

问 题 思 考

1. 为什么来源于学生头脑中的想法，比教师的想法更有可能实现班级关系的变化？

2. 回忆一次与教师进行的关于上课挫败感的对话，如何在圆圈对话中解决这个问题？

3. 如何在班级中运用圆圈对话来实现其他目标，以便在使用它来解决冲突时不会感到奇怪？

4. 这里概述的圆圈对话如何有助于培养一个民主的公民？

问 题 研 究

1. 如何测量和记录班级关系的改善？

2. 圆圈对话对学生之间的关系产生了什么影响？对学业成绩呢？对违纪处理呢？

3. 在参与圆圈对话的学生身上展现出哪些民主原则？

4. 对一个特定的圆圈对话产生的意义进行案例研究。

第九章
反欺凌秘密团队

本章内容

◎什么是欺凌?
○欺凌的故事
◎应对欺凌的一般途径
○反欺凌秘密团队
◎案例简介
○社会学习练习
◎小结

什么是欺凌

欺凌的重要研究者丹·奥维尤斯(Dan Olweus, 1993)把欺凌定义为:

当某个学生反复、持续地受到一个或很多学生的负面行为影响,他或她就受到了欺凌或者伤害。(p.9)

奥维尤斯进一步解释:"负面行为"指的是有意造成伤害或不适的行为,除了身体攻击外,还包括威胁、戏弄、嘲讽、辱骂等。另外,一次性的恶劣攻击也可以列入这种产生威胁气氛的行为中。

对许多青少年来说,欺凌是司空见惯的学校经历。奥维尤斯(1993)发现,在斯堪的纳维亚(Scandinavia)的学校里,七个学生中就有一个受到欺凌的影响,而其他国家的研究与上述数据基本一致。美国教育部教育科学研究所(The U.S. Department of Education Institute of Education Sciences, 2007)发现,在12岁到18岁的青少年群体中这一比例更高:大约有32%的人在前一学年中是欺凌的受害者,其中4%受到网络欺凌。更严重的是,其中79%的欺凌发生在学校。欺凌可以发生在任何年龄段——从幼儿园到高中,当某个人或群体实施行动,决定在与他人的关系中进行控制和支配时,欺凌就发生了。上述研究提出,男孩和女孩都可能是欺凌的目标,但欺凌女孩的行为常常是由男孩和女孩一起实施的。女孩的欺凌不一定涉及身体暴力。事实上,当欺凌女孩的时候,往往很少有明显的身体暴力,但是会使用其他同样强势的策略,这些行为通常被称为关系攻击(Crick, 1995; Goldstein, Young & Boyd, 2008; Prinstein, Boerger & Vernberg, 2001; Underwood, 2003)。"关系攻击"是指"通过操纵社会关系有意伤害另一个人的行为"(Goldstein et al., 2008, p. 642)。虽然这个术语经常和女孩的欺凌联系在一起,但男孩们也可以使用这些策略,尤其当公开的身体暴力受到严厉处罚并产生威慑的效果时。

关系攻击包括反复戏弄、嘲讽、辱骂、贬低、社会排斥、朋友的有意孤立,等等。它主要在一些行为上体现出来,例如:经常以敌意对视或转身的方式来面对某人,散布谣言或故事,分享不应该分享的秘密,把某人排斥于团体或聚会之外,暴露某人是"男同"或"拉拉",迫使某人去做违背他意愿的事(例如,"如果你跟她说话,我就不是你的朋友")。当学生成为这种行为模式的目标时,它的影响与传统欺凌几乎没什么不同。一个人要求和平、与别人建立一般关系的权利被冒犯了,因此,这样的关系暴力的影响应该等同于身体暴力。

学生之间的欺凌经常不引人注目,所以,成年人很少能意识到它的存在,或者就是已经很严重了才发现。在美国教育部教育科学研究所(2007)的研究中,只有36%遭受欺凌的人会报告教师或其他成年人。尽管发生在学校里的欺凌事件屡见不鲜,但教师通常没有注意到这些事件的严重性,因为他们更容易对直接破坏教学的行为做出反应(奥维尤斯在1993年的研究中已经证实这一点)。家长也常常不知道孩子遭受欺凌的程度(Olweus, 1993),因为青少年通常不愿意告诉他们。很多青少年,特别是受欺凌的男孩子,常常为不能保护自己而感到羞愧。他们并不想让父母怒气冲冲地到学校要求惩罚,或者更糟的是,还联系那些对欺凌负有责任的学生家长。从学生的角度来看,这样会使事情变得更糟。当一些社交软件被用来欺负青少年的时候,家长有时候为了阻止欺凌,会威胁要搬走电脑或者拿走手机。对于学生来说,这样的措施似乎比欺凌更糟糕。

有些被欺凌的学生可能足够幸运地得到老师的注意,并采取一些应对行动,但是很多受害者并没有那么幸运。欺凌不一定扰乱课堂,但是可能会严重破坏学生在学校的学习和整体的幸福感。因此,我们认为,学校需要发展积极有效的方法来阻止欺凌的影响。

欺凌的故事

为了感受欺凌的特点,有必要先看一些真实的案例。以下这些欺凌行为的案例来自一所初中几年前发生的事件。

1. 一位有义肢的学生讲述了这个故事:

在大多数我上课的班级里,我都会遭受别人的打击。在我去大多数课的路上,一些同学踢我的腿,嘲笑我,说一些类似"没有腿"和其他不友善的话。在科学课上,同学拿我的东西,例如文具盒。有时候,他们会打开文具盒,把所有东西倒在地板上,或扔到窗外。

2. 一位和朋友绝交的学生讲了一个受到无情报复的故事:

我们断绝了朋友关系,但当我试图去修复的时候,那个人散布了我奶奶去世的谣言。我真的被伤到了,那不是真的,我很爱我奶奶。

3. 这个案例里,一个学生与异性相处的能力受到攻击。

科学课上,有个女孩想进我的小组。然后,她开始说我交不到女朋友,如果有的话,一定是个贱人。然后,她说会让她高大威猛的男朋友揍我,叫我当心。

4. 经常批评身体特征,轻视别人:

我在外面等着上社会研究的课,一个男孩走过来,对那些也在等着上课的女生说:"他太肥了,简直没法坐到车里。"所有女生都笑了。

5. 有时候,欺凌表现为任意的暴力:

我正走回家,他从后面过来,跳到我背上。我问他什么意思,他用拳头打我,然后跑走了。就是这个男生,有一天在我的书包里和电脑上撒尿。

6. 欺凌的作恶者常常迎合观众:

我们正要去上下一门课,有个男生开始说我个子矮,还说我需要控制愤怒,我是一个自慰的小矮子。我坐下后,他走过来拿起我的书扔到地上,我走过去捡书的时候,每个人都在笑我。

7. 有时候,任何"差异"似乎都能成为欺凌的目标:

一些女生嘲笑我,她们开我的玩笑,仅仅是因为我坐在轮椅上,因为我什么也做不了。老师什么也没有做,他们知道,但是他们无动于衷。人们会说一些类似"残疾人"的话,小孩子们会踢轮椅,他们踢我的鞋底,因为它们很大。

8. 以同性恋为主题的欺凌并不少见:

有个男生用英语叫我同性恋,指责我盯着他看。他一遍又一遍地重复同样的话,所有的同学都笑着应和他。

9. 一个恐吓者变成小偷的欺凌故事:

她没有问我就擅自拿了我的笔,然后还拿走了我所有的书。我从来没有对她说不,因为我怕她会破坏我所有的东西。她对我说难听的话,骂我。她拿了我的钱,我也没说什么。她打开我的书包,然后从包里拿出钱。她问我是否还有更多的钱,我告诉了她。她拿走钱后,从来没有还过。

10. 对欺凌的愤怒会招惹更多的嘲弄:

我在做作业,然后有个人告诉我,他们讨厌我。他们总是议论我和我做错的事,他们叫我火山,说我会爆炸。一些人拿了我的尺和笔,把它们扔到屋顶上。

这些例子提醒我们,人们对彼此是多么刻薄,这些行为会给遭受伤害的人带来严重的后果。有时候,对欺凌行为实行报复会使事情更糟糕。但是,我们需要弄清强权行为和笨拙地抵制强权行为的区别,它们是不同的。

为了不犯错误,让我们列举一些欺凌的例子,说明受害人受到的影响。

1. 被欺凌使我不想做作业,不和家人与朋友说话。我妈妈看到我的沮丧,她开始哭泣。我爸爸回家后,妈妈告诉他发生的事,他对那些欺凌者很恼火,一拳打在墙上。

2. 我妈妈已经注意到我的沉默,我想过伤害自己,但是我不想让伤害我的人得逞,让他们看到我已经被打败。

3. 我很难过,有点颤抖,眼睛开始湿润,我一直在忍着,因为我不想让她看到我几乎要哭了。如果我让别人看到他们影响到我了,他们会让我的生活变得更糟。

4. 我不开心,我要回家。我无法集中注意,因为我总是在想那些人在说什么。老师们认为我在苦苦挣扎,就因为这些缠住我的事情。

5. 我真的很烦,我想回家,再也不回学校了。我有几秒钟想过捅这个欺凌者一刀,我真的恨他。这件事让我觉得自己很没用,因为他们叫我"金发傻妞"。我一直觉得很无力,我感觉此刻没有多少人支持我。

6. 我想过转到别的学校去,我想过报复,但是我从来没有鼓起这个勇气。我是个害羞的人,我不能做任何事阻止他,所以我只有离开。我没有任何办法让他们陷入困境,因为班上其他人都支持他,说他没有做任何事,我厌倦了这些。

7. 我努力想保持微笑,但是当我回到家时,有时候止不住哭泣。我没有告诉我的父母,因为我觉得这很愚蠢,但是现在我告诉他们了。

8. 我妈妈知道了他们欺负我的事,她让我别理他们。但是这没有用,因为他们不会停止,他们就是一直欺负我。老师似乎也不管,他们只是继续教学。我想从家里和学校出走,把这些事告诉我爸妈没有任何好处。

9. 我感觉像个疯子一样,因为我拼命不让自己做出攻击的行为。

当我们判断欺凌和报复有什么不同时,需要问一个问题:两种行为是否都产生了这些影响?通常情况下,那些欺凌者追求并享受这些影响,他们陶醉于权力之中,而受害者的报复行为通常不是这样的。

应对欺凌的一般途径

有人问一个学生对反欺凌做了什么努力,她回答了一句我们很熟悉的话。

"每个人都告诉我,要做些反击或忽略它们之类的事,但我的尝试都没有用,那样只会使事情更糟。我想,我只能去忍受它们。"

尽管公众普遍关注欺凌的影响,世界各地的决策者也提过许多倡议,但提供给遭受欺凌的人最普遍的建议仍然是:"学会如何处理它,它自然会消失。"在学校亲身经历过欺凌的家长经常告诉他们的孩子,他们是如何学会与欺凌共处的,他们说:"你也应该这么做。"

问题是这样做很少有用。欺凌者很容易看到他们的恶行击中了目标,甚至是对那些试图忽略它们的人,这助长了他们继续作恶。欺凌会持续发生,主要是它能产生效应,欺凌者很享受这种权力感。看到一些人咬紧牙关试图忽略问题,这可能成为欺凌者消遣的来源,那样只会增强他们作恶的动机,想看看受害者能坚持多长时间,直到受害者崩溃或爆发。

另一种很多人提倡的普遍做法是给予强硬的反击。电影和大众心理学书籍里有很多这样的故事,受害者如何强身健体,学习空手道,或者结成团体,然后反击欺凌者,最终取得胜利。然而,这样做有一个真正的危险,那就是受害者会变成另一个欺凌者。或者,欺凌行为会逐步升级为更危险的暴力行为。

还有一个常见的但可能让人惊讶的对欺凌的反应是谴责受害者。当有人抱怨被欺负时,人们通常会问他做了什么引发了欺凌,似乎这样就解释了欺凌发生的原因。有些学生在学校里以受害者的身份而出名。即使在某些情况下,确实有证据表明这些受害者惹怒了欺凌者,但是对实施欺凌的一方来说,他们也不必持续地侵犯对方。实际上,指责受害者很少能降低欺凌的发生率。

我们需要的是一种更系统化的方法,让学校严肃对待欺凌,并积极地应对它。大家都知道,系统化的操场监控可以减少欺凌的发生。通过在全校开展的活动也可以减少欺凌,例如,班级课程、班级会议、教师宣传活动、制度化的处罚、父母参与,等等(Olweus, 1993)。

最普遍的官方反应是识别欺凌,隔离侵犯者,给予惩罚。然而,惩罚也许暂时制止了问题,却没有真正解决问题。它还无形中传递了一个错误的道德信息,其隐含信息是学校当局的权力比欺凌者的影响力更强大,因此必须占上风。通过强制性手段解决欺凌的问题在于,这一方式与欺凌行为包含了相同的信息。而且,这对欺凌者和被欺凌者来说,都不是一个赋权式(empowering)的信息。问题的责任从他们手中被转移了出来。

还需要考虑到惩罚的副作用。惩罚会产生怨恨情绪,如果受欺凌者向老师抱怨,那么怨恨很容易回到受害者身上。对那些受害者实施报复,这种现象实在是太普遍了。被欺凌的同学往往很清楚,因此,他们在很痛苦的情况下也不愿意挺身而出。惩罚的另一个副作用是会给欺凌者带来羞辱,这对他们的发展会有负面的后果。它实际上增加了一种可能性,由于羞耻,欺凌者会变本加厉,对其他人重复欺凌行为。

我们不是说用严厉的惩罚应对欺凌的报复性模式(Zehr,1990,2002)都是错的,或者说没有必要使用这种模式。不过,我们有兴趣探索其他可能有效改变学生行为和人际关系的方法,这就是本章要实现的目标。

对受害者和欺凌者的个体咨询也不一定起作用。欺凌是学校咨询师应该应对的一种关系问题,但是个体咨询的支持性通常不能提供充分的挑战,使欺凌者的行为发生显著变化。学校咨询师的工作与学校纪律管理者的行政角色有所区别,这是有原因的。咨询师设法管理问题行为的角色,会与他们帮助学生处理个人和社会情感问题的支持性角色产生冲突。正如我们在第五章中所说,我们正在设想咨询师从事恢复性实践工作的新形式,重新将他们引入学校纪律领域,不是作为权威人物,而是作为项目管理者。当学校校长和学校咨询师都能理解这些新角色时,他们就能共同完成这项工作,不会产生角色冲突。

反欺凌秘密团队

建立反欺凌秘密团队是一个实践的范例,它为咨询师开辟了新天地,要求运用他们的专业技能来解决行为问题并改变人际关系,而不是诉诸权威的方法。它能减少校园欺凌现象,有利于学生的学习、教师的课堂管理,并减轻管理者的工作负担。"秘密团队"这个概念由比尔·哈伯德(Bill Hubbard,

2004)创立,他们吸收了罗宾逊和梅因斯(Robinson & Maines, 1997)"零责备"的欺凌应对方案。我们已经在另外两篇文章中详细阐述了这种方法,有兴趣使用这种方法的人可以研究一下(Williams, 2010; Williams & Winsalde, 2008)。我们将在此解释这个反欺凌秘密团队的概念,并用一个案例来具体说明。

我们介绍的实践汲取了叙事的观点,把欺凌行为理解为一种叙事表现。欺凌者、欺凌目标和旁观者按照已知的情节轨迹扮演他们的角色,每个人都是问题故事情节的参与者,而不是本质上有问题的人。我们再重复一下前面章节提过的格言:"人不是问题,问题才是问题。"在这种情况下,我们可以说:"欺凌者不是问题,欺凌才是问题。"

我们也不想把个人的身份(Winslade & Monk, 2007)一概而论为"欺凌者"和"受害者"。相反,我们假设每个涉入欺凌关系的人也能有另一种关系方式,没有人天生就是欺凌者或受害者。欺凌者、受害者和旁观者只是名称,与其说是个人身份,不如说是欺凌故事中的角色。人们进入这些角色位置,表演他们的故事,但是,如果受到邀请,他们也能把这个故事丢到一边。摆在我们面前的挑战就是为每个人创造机会,让他们走出欺凌的故事,走进另一个与当前欺凌不相容的故事情节。

在欺凌行为中,欺凌关系比欺凌者和受害者的个人身份更加重要。因此,直接改变欺凌关系将会很有意义,反欺凌秘密团队的方法正是这么做的。下面将介绍一个发生在新西兰学校里的案例,帮助大家更好地理解这种方法。

案 例 简 介

"有一个9年级的学生(相当于美国的8年级),她正遭遇一帮同学的欺负。"一位教师坐在我旁边时告诉我。

"我试图阻止他们,我让他们解散,并叫他们离开,但我看到她还是在哭,她不告诉我发生了什么。我很担心她,她不做功课,只是坐在那里。你能见一下茱蒂丝(Judith)吗?"他问道。

我同意了,并把茱蒂丝叫出教室。她到我办公室后,我向她解释,她的老师看到她在哭,怀疑有人对她不友好。我温和地问她是否发生了这样的事,她点点头。她看上去很窘迫,只是说自己被欺负了。我告诉她,我对她说的事很关心,因为我正在开展一个特殊的项目,可以赶走欺凌,效果很好。她看上去有点怀疑,也许她之前听说过这些话。

"在我决定是否使用这个计划之前,我很想听听你的故事,我也想把它写下来。这个过程中我会和你核实,以确保我得到了准确的信息。"

我停顿了一会。

"如果我认为这个特殊计划对你有用,我需要得到准确的故事,因为我需要用它,可以吗?"

茱蒂丝表示同意,我拿出一张表格,开始记录她的故事。

"我总是被人欺负,人们嘲笑我的红头发,还因为我很矮小。有些人甚至说我这么小,不能读书,但是他们主要是嘲笑我的头发。他们粗鲁地评判我,使我的生活很痛苦,他们叫我'红发鬼'或者'胡萝卜侏儒',我讨厌他们这样说。今天早晨,我听到一些学生唱关于我的歌。"

"'为什么她要出生?她怎么还活着?每当看到她,我的眼睛都会瞎掉。'他们这样唱道。"

"有人问我为什么染头发,但是我没有。他们说我应该把头发染成蓝色、亚麻色或者棕色,任何颜色都可以,除了红色。我对我的头发无能为力,我祖父说,这就是我的特殊所在。"

我问她:"欺凌对你有什么影响?"

"它让我感到悲伤、恼怒、受伤害、渺小,它让我疑惑为什么他们要欺负我,不欺负别人。我想要打人,扔东西,我有时想打我妹妹,踢她的小腿上。他们欺负我的时候,我止不住地哭泣。我就是爱哭的人,我妹妹就是这么说我的。她六岁,耳朵是聋的,她说我是爱哭鬼。我在笔记本上写了关于他们的坏话,但我并不是真的想写这些。我在家里大叫,用力关门,在房间里把玩具扔得到处都是,因此惹妈妈生气。有时,我的朋友也受到影响,我把他们当出气筒。"

我问她希望事情是怎样的?她想了一会,微笑着说:"我希望快乐,每个人很好地相处,大家都是朋友。那样的话,我在家也很开心,不会大喊大叫,也不会有人要用肥皂给我洗嘴(只是一个威胁,还没有发生)。我只是想好好享受生活。"

"我很确定我们可以让你摆脱欺凌,你不需要做什么来改变,但我希望你注意到发生的每一个变化。"我说。

"好的。"她回答。

对于咨询师来说,建立反欺凌团队的第一步是与受欺凌者见面,仔细倾听发生的故事,确定是否发生了欺凌事件。如果确实发生了,咨询师就介绍建立反欺凌团队的想法。咨询师应该这样描述:为了成功,反欺凌团队需要隐秘操作。反欺凌团队有点像"碟中谍",这种密谋感使建立这个团队像是在玩一个游戏,这往往增加了它的吸引力。儿童和青少年常常无法抵制弗里曼、爱普斯顿和洛博维茨(Freeman, Epston, & Lobovits, 1997)所说的"用游戏方法来应对严肃问题"的吸引力。

我对茱蒂丝说："对你来说，可能有用的是一个秘密团队，它由你、我和你的老师一起挑选的一些学生组成，主要目标是摆脱欺凌。每个团队包括两名最恶劣的欺凌者，还有四到五名全班都尊敬的学生，如果团队中男生和女生都有就更好了。我们把欺凌者列入团队，是因为我发现他们经常欺凌的原因在于他们有观众，而他们需要学会如何支持而不是欺负别人。团队里的其他人似乎可以教他们如何做到这一点。"

"这个团队能够起作用，是因为他们像秘密特工一样，他们'隐秘地'工作，去发现欺凌并尽一切可能阻止它。如果你愿意，我可以向你介绍很多现实生活中的例子，了解他们怎么为其他学生工作的。"

"当他们都到齐后，我告诉他们，你和老师特地选择了他们组成秘密团队：他们是秘密特工，使命是在班上消除欺凌。我将给他们读关于你的欺凌故事，这样，他们对你的情况就会有所了解。我不会指名道姓，因为我们不想让任何人来报复你，我只希望他们听到一个真实的欺凌故事，你认为如何？"

"我想是这样。"她小心翼翼地说。

这个计划的第二步是，咨询师邀请受害人选择六个人作为秘密团队的成员。其中包括两个最恶劣的欺凌者，其他成员可以由男孩和女孩组成，根据受欺凌者的了解，这四个人从来没有被欺负或者欺负别人，他们应该是其他人眼里受尊敬的同学。教师可以帮助受欺凌学生核实这些成员，尤其是当他们不能轻易确认这些成员的时候。

第三步是咨询师召集被选择的团队成员，向他们传递信息：他们班上有一个同学被侵犯了。咨询师向他们宣读缩减版的欺凌故事，简述它的影响，直接引用受欺凌者的话，但是不要指名道姓。接着，咨询师要求团队成员对这个故事进行回应，他们通常会对发生的事表达震惊或者愤慨。然后，咨询师邀请他们加入一个没有人知道的秘密行动，秘密地帮助受欺凌的人，帮助这个人度过困难时期。不要求他们成为这个人的朋友,仅仅是友好地对待他或她。咨询师要反复强调,这是一个严格保密的团队,不能有外人知道它的存在。咨询师继续解释,到了团队成功的时候,即当欺凌停止时,他们会得到食物代金券(或者其他合适的奖赏),他们还将受到校长的奖励。校长的奖励让秘密行动有了明确的合法性。

在所有学生都同意成为团队成员后,咨询师才会透露被欺凌学生的名字(尽管一些人已经猜到了)。然后,咨询师要求秘密团队形成一个具体计划,即如何阻止停止欺凌行为,为被欺凌者创造不同的学校经验。一旦计划形成,咨询师就要求团队成员讨论如何秘密地执行。

我打印了一份茱蒂丝班级的人员名单,我们讨论了哪些人最能够消除欺凌。我们依次讨论了每一个学生,一旦我们确定了对大多数欺凌事件负有责任的两个学生,我们重点挑选在茱蒂丝看来没有欺凌也没有被欺凌的同学,这些学生是其他学生所尊敬的。我解释,我会把这个名单分享给她的教师,征求他们的意见。

当我组织好帮助茱蒂丝的秘密团队,他们形成了一个消除欺凌的计划后,我会再次会见她,检查计划的进展。什么时候欺凌已经停止,由她说了算。

在她回到教室之前,我提醒她对秘密团队的计划保密,因为团队需要按照自己的时间和方式做出改变。我们一致同意,摆脱欺凌的最好方式是使欺凌者学会与别人相处的新方式;不是因为他们受到学校的强迫,而是因为他们自己选择这样做。

放学后,我发了一封邮件给她的老师们:

各位老师:

你们好!

茱蒂丝告诉我,她不断受到戏弄、辱骂,甚至家人被嘲讽等诸如此类的欺凌。其他人可能认为这只是"一件小事",但是对她来说,这件事影响很大,导致她要换学校。你们当中一些人可能也看到这件事对她的影响。莱蒂丝和我认为,一个秘密团队也许可以有效地消除欺凌。

她已经选择了下列同学作为团队成员:布伦登(Brendon)、拉哈尔(Rajal)、珍妮特(Janet)、伯娜丁(Bernadine)、雷维(Rewi)、乔治(George)和尼科(Nico)。她想要这些同学支持自己。这个小组包括两名"最恶劣的欺凌者"。

考虑到你们对这些学生的了解,你们是否会建议其他更合适的学生,或者你们对这个名单上的学生有什么顾虑吗?

如果你们认为这是一个相当好的团队,可以秘密地工作,发现欺凌并消除它,那么就不需要回复我。明天我需要召集这个团队,希望你们能给予及时的反馈。

请支持一个没有欺凌的学校。

迈克(Mike)

我邀请团队中每一个学生在午休时间来我办公室开会,但是事先没有告知会议的目的,没有学生知道其他人也被召集。

当他们陆陆续续进来时,他们都在问开什么会,他们很诧异地看到两个欺凌别人的学生和他们一起。我把办公室的椅子摆放成一个圆圈,那两个男孩看上去很困惑。当我示意他们都入座时,我确保他们没有坐在一起,而是让他们坐在其他人旁边,谨慎地忽略他们明显的不适。

我解释说,他们都是被专门挑选来做一项其他人做不到的工作。他们面面相觑,想知道究竟是怎么回事。

我带着一丝严肃和关切的表情说:"你们班出现了一些欺凌行为,尤其对一个同学产生了影响。你们的老师注意到她在班上哭,问我能否提供帮助。

我和这位同学谈了话,她告诉我一个特别糟糕的欺凌故事。我向她建议,消除欺凌的最佳人选就是她班上的同学,她同意我的想法。"

"你们来这里,是因为她选择你们加入一个特别的秘密团队。你们肩负着一个艰巨的任务,就是恢复和平与和谐,永远消除她受到的欺凌。你们的老师也同意她的选择。"

"什么时候欺凌已经消除,由她说了算。如果这个团队成功完成任务,你们会得到食物代金券和校长发的证书,以此赞赏你们为学校摆脱欺凌所做的贡献。你们能做到那样吗?能保守秘密吗?"

可以预料,这时会有很多反应。有些欺凌者会坦白,有些欺凌者会试图怪罪班上的其他人。他们通常很沉默,有时候,他们会否认自己的所作所为。即便他们很沉默,一旦其他人开始讨论改变班级人际关系的计划,他们也经常会对这些想法产生兴趣。从来没有一个学生不想加参与这样的团队。

这时,我说:"你们可能已经注意到,我不想责备任何人,我没有提到任何人的名字,因为我一会儿要读的故事说的是欺凌这件事,而不是欺凌的人。即使有学生告诉我最恶劣的欺凌者的名字,我也从来没有告诉团队,因为我相信,问题是欺凌这件事。有时候人们很讨厌欺凌,但他们不知道怎样停止这个行为。现在你们准备好听这个故事了吗?"

我大声读出茱蒂丝告诉我的故事,包括茱蒂丝因此受到的影响以及她的愿望。

大家听到故事后的反应通常会有所不同。一些学生受到故事影响后哭起来;另外一些人偷偷打量四周;那些欺凌者可能在等待听到他们的名字。通常其他人会用责备的眼光看着欺凌者,但是我很小心,不去指责房间里任何一个人,也不让其他人这么做。

"既然你们已经听到茱蒂丝的故事,我们需要制订一个五点行动计划来摆脱欺凌。记住,茱蒂丝亲自选择了你们,因为她知道你们在班上有影响力。你们的老师也知道你们被邀请加入小组,所以,他们也期待这个秘密小组在摆脱欺凌方面的进展。开始这项任务的一个方法是:想想如果你是她,你会有什么愿望。"

"如果有人嘲讽她,我们会维护她。"一个学生说。

"还有谁愿意这样做?"我问道。当其他人也愿意这么做时,我就把他们的名字写在之前记录欺凌故事的表格上。

"我们可以坐得离她近一点,阻止其他人嘲讽她。"拉哈尔提出这个建议。

"跟她打招呼,友好地对待她而不是忽视她。"一个同学说道,其他人都点头。

我在表格上写下:**整个团队**。

"邀请她加入游戏,和她交流。"好几个女孩提出来,我写下她们的名字。

"不排斥她,和她交朋友,和她说话。"整个小组成员都点头,我写下:**整个团队**。

"谢谢,"我说道,"看上去这是个相当好的计划,我们还需要讨论几件事。你们准备怎样保守秘密呢?如果其他同学注意到欺凌消失了,你们会怎么说呢?"

他们想了一会,然后伯娜丁说:"我们就说,咨询师最近在关注我们的班级状况。"

"当我们做反欺凌的事情时,可以有一个秘密信号。"一个女孩说。

"我们可以给彼此取名字。"另一个学生提出建议。他们现在很激动。

我热情地感谢他们同意参加这个特殊的任务,告诉他们,我会在秘密反欺凌行动进行5天后召回他们。我告诉他们,我也会和茱蒂丝核实,看看她是否注意到任何变化。他们都带着积极的想法离开,渴望开始他们的新工作。

几天后,咨询师会见了茱蒂丝,询问事态的发展。接着,咨询师又召集秘密团队,从他们的角度检查计划的进展。在这个时候,可能需要讨论计划的改善以及研究它的影响。当然,在实施这项计划时也会有一些变化。有时候,秘密会泄露出去;有时欺凌者会坦白他们的行为,有时候却不承认;有时候,受害者会想要与秘密团队见面并感谢他们,有时候这不一定发生。

反欺凌秘密团队的方法建立在一个精心设计的程序之上(见表9-1)。

表9-1　秘密团队活动日程表

第1天:单独会见被欺凌者(30分钟)。

第2天:安排秘密团队,向他们解释使命,完成五点计划(30分钟)。发邮件告知班级教师秘密团队的存在和目的。

第5天:与被欺凌者确认活动进度(10分钟);与教师协商并确认进度。

第7天:召集秘密团队,检查他们的进展并给予鼓励(10分钟)。

第9天:再次约见被欺凌者核实进展,检查欺凌是否停止。

第14天:欺凌停止后,再次约见秘密团队,颁发证书、代金券和评估表,并制订长期计划(30分钟)。

两天后,茱蒂丝微笑着来见我。

我问:"现在班上怎么样了?"

她的脸上洋溢着喜悦。"非常好,太棒了,"她说,"欺凌已经停止了,我太高兴了。那两个同学停止欺负我了,他们还告诉他们的朋友,现在这样很好。但我觉得我们应该继续下去,为了确保效果。"

"谢谢你这么想,我也认为现在还早,你的秘密团队才刚刚开始,但这是个好的开端。"我说道,请她回教室。

两天后,我召集秘密团队开第二次会。

"五点计划进展如何?"我问道。

"非常顺利,"一个男生说,"就是一些基本的事情,就像说'你好',还说些其他的话,'不要难过',等等。"

一个男生说:"我试着表现得友好,它在某种程度上奏效了。"

"遇到她时说'你好'。"一个女生说。

"她变了,不那么敏感易怒了。"另一个人说。

"我觉得老师好像也在挑剔她。"一个学生观察到这个现象。

"你们还注意到其他变化吗?"当谈话平息下来时,我问道。

"变化是,如果你友好对她,她也友好对我们!"布伦登说,"但是欺凌还没有完全消除。也因为她做了一些事,她无缘由地抢白阿里安娜(Ariana)。"

"你们还有哪些建议能帮助她?"我问。

布伦登说:"三思而后行。这有将帮助她明白不应该过度反应,因为那样可能会惹恼别人。"

"我们现在不说她了,我们不说这些,她现在很平和。"

我发邮件给茉蒂丝的老师,询问他们是否注意到任何变化。英语老师说那个欺负茉蒂丝最厉害的男生现在变成了"模范生",其他人也说班级气氛改善了很多。

几天后,我又约见了茉蒂丝。

"他们现在完成任务了!"她激动地说,"欺凌停止了,情况变好了,我好开心,我能肯定这是长期的。我和珍妮特的关系也更好了。"

"太好了。"我说,"你确定吗?"

"是的,欺凌停止了,我也不再惹人烦了。"

她毫不犹豫地说着这些话。我笑了,因为我知道一些积极的事情正在发生。

"在这件事情上,"我开始谨慎地说,"团队中一些人想知道你能不能'不过度反应'。我不是很清楚他们的意思,但我猜你大概知道。"我谈论道。

"哦,是的,我知道他们的意思。"她笑了,"一个团队成员告诉我了,那是一个很大很大的改变,我没有那么敏感了。"

这是青少年的表达方式,但是我明白了。我送她回教室,然后去见校长,请他为这个成功的团队签六份证书。

第二天,我召集团队成员,给他们发放食物代金券和证书,并且让他们完成评估表。

他们都笑着进入我的办公室,坐在之前他们坐过的座位上。

"这可能是团队的最后一次聚会了,"我开始说道,"我想知道你们的任务完成得如何,你们是否认为欺凌已经永远消失了。茱蒂丝说欺凌已经停止了,她很开心,我估计现在到了发食物代金券和校长证书的时候了,你们认为呢?"

"开始走向光明。"雷维说。

"做正确的事很好。"另一个人说。

"这是一次很好的经历,我们知道下一步该怎么做了。"另一个同学说。

"我们做得很好。"拉哈尔说,然后他们都相互击掌。

"如果茱蒂丝说欺凌消失了,你们也说欺凌消失了,对我来说就足够好。"我满腔热情地说。

我给他们每个人发代金券、评估表和证书。他们离开后,我不禁思考,这又是一个成功团队的范例,学生们相互之间学到了很多,也认识到彼此友善的力量。

社会学习练习

我们展示了对一系列欺凌关系的策略性干预。你可以说，它是直接解决欺凌中的社会关系，而不是其中的心理动机。或者你可以依据社会建构主义的假设，把心理反应归因为人们之间发生的关系。列弗·维果斯基提出过著名的理论，把学习归因于与他人交互作用中发生的内化过程。我们相信，对欺凌关系的干预过程的确是一种社会学习练习。

我们在第五章已经提到，维果斯基(1978，1986)提出了一种学习理论，是指通过"最近发展区"的活动，学生学习一些新任务时，这些任务如果没有教师或其他有更高技能同学的帮助，他们不能靠自己的现有水平掌握。正如迈克尔·怀特(2007)的解释，这个过程对于身份发展和学习阅读一样有用。怀特谈到，从"知道和熟悉"的领域通过最近发展区的互动可以达到"可能知道"的领域(p.277)。

秘密团队为学生提供了一个机会，让他们走出"已知和熟悉"的名声限制，尝试曾经被欺凌故事的权威所否认的人际交往之道。他们可以在团队成员和学校咨询师提供的"脚手架"(White，2007)帮助下，扩展他们的关系，纳入新的行为方式。在这个过程中，他们以一种新的方式"可能知道"自己欺凌或旁观的行为，并反思欺凌行为的后果和影响。他们的合作能力在与团队成员一起完成任务的过程中得到增强。

团队成员听到了欺凌故事，被引导穿过最近发展区，以便和同伴合作设计一个行动计划，特别针对产生欺凌故事的行为。监控过程中，当他们一起解决共同的问题、分享个人的成功和举出积极行动例子的时候，关系的转换就发生了。那些其他人眼里"无辜的旁观者"，如果他们更彻底地思考这件事，就能意识到他们的没有积极阻止一些本应该在道义上反对的事情，实际上他们的行为助长了欺凌的存在和扩大。他们也学会了从"知道和熟悉"发展到"可能知道"。

团队的形成和这项任务的完成也可以依据"重新分类仪式"(Epston, 2008)描述。青少年被邀请承担一项行动,进行与欺凌有关的道德的重新定义。这项使命的完成是没有羞耻的过程,而传统的做法可能是孤立欺凌者,使之成为羞耻和应该受到谴责的人,但是旁观者却没有受到影响。同时,这些团队给欺凌者提供了一种新的方式,使他们能重新把自己界定为有胜任力的道德群体(班级的其他学生)成员,而之前他们可能被这个群体所否认。通过创立"五点计划",操作计划的过程中提供了一个"测试",据此,那些应该为欺凌负责的人能在两种身份——关心者或欺凌者之间做出道德选择。

这个特别的测试绕开了谴责的企图,解决了更重要的问题:欺凌关系有多么持久或坚固? 团队为了道德的目的而建立,它是一个道德共同体,它给欺凌者提供了一个测试或考验他们关爱能力的空间。这些关爱能力的试验由被欺凌者、其他团队成员、教师和任何关心此事的家长来评估。他们的反馈贯穿于团队生活的监控过程中,为那些想要改变欺凌、重新建构名声的人提供了一种形成性的评价。

这个过程也建立在学校咨询师和校长相互信任的基础上,校长通过提供奖励证书对这个过程给予支持。通过这种方式,学校的权威被用来支持学生的学习过程,而不是惩罚过程,咨询师的作用也不会与学校纪律部门背道而驰。

为了让招募的团队成员认同,引用之前秘密团队的档案是很有用的。我们还没有遇到过不接受该挑战的欺凌者。依据档案,咨询师可以说:"我有一个想法,之前已经成功了25次。"

当我们把秘密团队的目的和流程很谨慎地向家长解释后,他们大多数都会表示非常支持,并且通常会感到惊讶,他们的孩子竟然一直在默默地忍受痛苦。在最近一个案例中，一个男孩因为脸上一颗很大的痣而被嘲笑，他的父母意识到这给他儿子带来了多大的痛苦后，他们安排了除痣手术。在秘密团队的共同努力下，父母的行动使这个男孩发生了引人注目的变化。

小　　结

在本章中，我们首先描述了欺凌和关系攻击，它被认为是一个或很多学生针对其他学生的权力和支配行为。令人担忧的是，学校里有太多学生有过欺凌经历，它有很多形式，不是所有的都涉及身体暴力。我们描述了一些解决欺凌的常见方法，例如鼓励学生忽略它，或者是用惩罚来应对。我们解释了为什么这些方法通常不奏效。接着，我们介绍参与了反欺凌秘密团队的概念，以及它怎样对欺凌故事中涉及的关系进行工作。我们通过一个案例说明了如何邀请学生团队，包括那些参与欺凌的人，来改变被欺凌学生的学校经验。我们还解释了建立反欺凌秘密团队的过程，探讨了这一方法经常获得成功的原因。

问 题 思 考

1. 想一想关系攻击和欺凌的案例，秘密团队在这些情境下如何开展工作？

2. "秘密"的计谋在秘密团队的成功中起到了什么作用？你是如何保证团队匿名的？

3. 学校管理者和咨询师如何合作开展秘密团队的工作？

4. 在小学、中学或单性别学校（男校或女校），你需要做什么调整来实施秘密团队计划？

5. 什么时候需要使家长知道欺凌故事和秘密团队，并让他们做出有益的贡献？

6. 为什么要仔细记录秘密团队行动的每一个步骤，并准确记录学生对欺凌事件的逐字描述？

问题研究

1. 你们学校经常发生什么形式的欺凌和关系攻击？
2. 怎样记录欺凌和关系攻击对学生的影响？
3. 怎样随着时间的推移追踪建立秘密团队的作用？
4. 在学校建立并实施秘密团队的挑战是什么？
5. 从一个秘密团队的工作案例研究中可以学到什么？

第十章
辅导课程

本章内容

◎辅导课程：提高对压迫行为的意识
○辅导课程的叙事原则
◎访谈问题
○接受或抵制
◎小结

辅导课程：提高对压迫行为的意识

为了解决冲突和减少暴力，有时可能需要识别校园问题的一般模式。例如，在有不同文化或种族群体的地方，一些种族主义者可能会引起这些群体之间的紧张关系；或者男孩对女孩轻微的骚扰，可能会发展成一种普遍存在的男权话语的表现；或者在为残障人士（例如：盲、聋、脑瘫或者运动性残疾等）服务的专门教育机构，可能会普遍发生带有偏见的嘲弄与谩骂；或者学校里有青少年属于某类少数群体，可能触发学生、家长、甚至老师的偏见反应。在这样的情境下，设计特殊的课程就会有用武之地，课程目标是解决这些问题，对这些常见问题的话语提出挑战。在很多地方，学校管理者实际上有责任为学生提供一个安全的身心环境，包括远离任何偏见和歧视。因此，这些课程可以被视为学校创立热情友好的学习环境的基本担当。

有时候，问题行为的受害者甚至没有意识到问题所在，只是把它当成一个孤立事件，仅仅因为它已经变成了一种行为常态。每个人都认为，这就是事情的本来样子，已经适应这种"骚扰"行为的存在，没有看到它的普遍模式。尤其是青少年，如果没有明确的理由将其与不公正的社会模式联系起来，他们可能只是凭本能知道某些事情是有害的。在这种情况下，需要的是普遍提高整体意识，或者如保罗·佛莱雷（Paolo Freire，1970）所称的**"觉悟启蒙"**（conscientization）。同样，这个工作可以通过设计专门的课程来完成，课程目标是解决对问题的一般意识。

在对这些课程目标概念化的过程中，另一个相关概念是雅克·德里达（1976）提出的**解构**（deconstruction），在第二章中已经讨论过。与一些解释相反，德里达没有用这个词来指代某种破坏性的活动，比如把东西拆开。它指的是从一些新的角度仔细审查，开启意义，这样剩余的或者新的意义就能得到释放。这些新的意义常被有限的主流意义所掩盖。德里达谈到，解构的动力往往已经存在于一个意义领域里等待开发。解构横贯社会领域并产生不公正的强大权力线（Deleuze，1998；Winslade，2009），是辅导课程值得赞赏的一个目标。

这种意识的提高当然也能在本书其他章节讨论的活动中进行。圆圈对话可以包含对主流话语的解构；团体咨询可以包括心理教育的成分，邀请团体成员分解主流假设；恢复性会议和调解能够拆解隐藏在特定的冲突背景中的杂乱材料；个体咨询可以外化从普遍话语中提取并被个人内化的假设。但是，与整个班级、年级甚至整个学校一起解决普遍问题，而不是处理每一个因主流话语而引发的问题，无疑是节约专业时间的。普遍目标的课程可以在稍后转换成小组或一对一的谈话。这些课程也能鼓励学生针对课程中的问题寻求帮助，咨询师可以直接担任课程顾问或者实际的任课老师。

学校管理者面临的问题是：哪些不公正正以主流话语的形式在学校里延

续？我们认为,解决这样的问题对青少年成为有责任的公民非常重要,因此,决不能因强调其他学科而将其排挤出去。明智的学校管理者应该利用学校咨询师的力量去确认,在实践中学校的压力点在哪里。普遍的社会不公正问题可能很好解决,但是,发生在学校的、正好在老师鼻子底下的特定话语表达可能完全被忽略,因为学校课程没有考虑到青少年受到那些话语影响的特殊经验。有效的改变需要明确针对学生的生活经验,而不是成年人所认为的经验。因此,我们需要足够的倾听,以确认这些辅导课程的重点。我们认为这是学校咨询师的一项任务——在某所学校倾听特定话语的精确表达。这种"倾听"可以通过很多方式完成:与学生干部定期开会,认真分析统计数据,与其他能识别"话语语境"的咨询师定期会面。

例如,性别关系中的男权和性别歧视的态度,可能会以一种流行的"弹胸罩"来表达。正像一所学校里发生的那样,很多男孩集体表达了对女性的物化,他们在班上走到女孩身后,拉她们的胸罩肩带(从女孩身体的上部),再松手,让它击打女孩的背部。如果女孩对男孩的行为恼火,他们就发出嘲笑,并要求女孩学会"开得起玩笑"。

出于方便,我们在这里用了**"辅导课程"**这个名词。在一些学校,它们可能被称为健康课程;而另一些学校里,它们可能被放在社会研究的主题下;或者学校语文老师会将其与文学课程相结合。它们叫什么名称不重要。但是,我们现在把它称作辅导课程是基于这样的假设,即从广泛意义上来说,咨询师有责任促进学生的社会性和情感的发展,而不仅仅是为有问题的人提供个体咨询。咨询师应该把他们的角色看成是感觉学校"心跳"的人。

辅导课程的叙事原则

为了与本书其他章节的指导原则保持一致,我们假设,促使学校人际关系形成特定形式的普遍力量,最好被看作是社会建构的叙事,而不是人类本性的固有特征。以种族主义为例,它不是一直都存在(因此不需要永远存在)的东西,而是作为一种特定的话语而产生的,表达了欧洲在18世纪到19世纪殖民扩张期间对非白人施加统治的野心。自欧洲殖民主义开始蔓延以来,非殖民化就开始了,在这个过程中,出现了解构欧洲"优越性"叙事的运动。但是,尽管公民权利等运动取得了巨大成就,这一叙事的话语元素仍然残留在白人和非白人的意识中。当人们围绕这些话语元素形成意义时,冲突叙事连同它们的特定情节就可能在学校出现。

强调这些是由主流话语产生的叙事提醒我们,它们可以被挑战和改变。如果它们是人类本性的表达,那样会更艰难。因此,叙事辅导课程的目的是尊重人,而不是寻求病理化的诠释或者指责他们。"人不是问题,问题才是问题"这个原则一直是最重要的。用外化的方式谈论问题,可以很容易从咨询和调解实践转换到课程教学中。例如,在谈论**种族主义的假设**(它可能咄咄逼人地在一些人的耳边私语)时就要小心,不要说**种族主义者**。

辅导课程的另一个假设是,我们总是可以获得多重故事。在优势故事的阴影里,总是有其他故事存在,总是有一些人会对冲突做出一些反应,甚至可能是拒绝让事情变得更糟。常常有来自受害者的积极的抵制,即使这种抵制不能阻止主流论述,它的存在也非常重要,值得被尊重。叙事辅导课程的目标是引导这些故事走向光明,邀请它们更充分地表达,充分地彰显,这样它们就更有可能成为意愿故事。

然而,关键是这种支线故事要出自学生的知识,尤其是那些话语力量的受害者。让学校官方决定和教师推广这个支线故事是不太可能的。较好的情况是，学生群体不太愿意接受这样的方法；最糟的情况是，它被视为不相干的，因为它没有针对问题的特殊性，而问题是在学校的本土环境中形成的。为了允许这样的本土知识出现，将它们纳入支线故事的建设中，我们需要细心聆听并给予询问。我们需要辨别、聆听、细心记录学生话语中的准确表达，这样它们就能得到利用，成为学生意愿故事的组成部分。

例如，一所学校的两个学生群体长期发生争斗。当他们讲述了冲突故事，分析了其影响后，很多学生显示出与对方群体建立不同关系的意愿。很难用准确的术语来描述这种关系伦理，因为这些学生坚决不想和另一方成为朋友，但是他们也不希望继续与对方为敌。如果学校坚持要求学生通过调解而成为"朋友"，学生们就不愿意参与，尤其是如果他们认为学校已经预设了结果。因此，当他们被询问他们想要以什么样的关系相处时，他们最普遍的答案是希望"井水不犯河水"，既不做朋友，也不做敌人。在另一所学校，这种关系可能被称为"你好——再见"式的朋友。目前已经发展出一种明确的关于中立的伦理，很适合这种冲突情境。它之所以有效，是因为它是很多学生持有并可以谈论的观念。这些观念不是自上而下地被学校强制执行，但它可以在学校里扩散并且得到承认，这样，它就成了一个与冲突故事相反的故事，后者一直在持续地滋生问题。有趣的是，之前"你好——再见"式的朋友在放弃冲突故事后，不久就变成了完整意义上的朋友。

访 谈 问 题

我们不打算在这里涉及大量基于上述原则的课程资料。如果这么做的话,会填满整本书。有很多这样的课程可以采用,通常可以通过改编来体现我们强调的原则。但是,我们现在要介绍一种非常适合一系列问题的课程模式。

外化问题的叙事技术非常适合讨论敏感或有争议的话题。因此,它能在适用于各种目标的辅导课程中发挥很大作用。这种方法关键是运用了社会戏剧理论的"访谈问题"技术(Roth & Epston, 1996)。例如,关于种族偏见、性骚扰、欺凌的课程都能围绕问题的拟人化来构建。一旦拟人化,每一个问题都能进行主流话语的戏剧化改编。通过一些实践,教师和咨询师能学会针对这些问题构建角色扮演的对话,这样很容易激发参与者的乐趣,不会显得很沉重。关键是将问题定位于人们的社交互动,而不是个人的本性。下面,我们将介绍一种基于这种方法的课程计划。

介绍角色扮演

第一步是介绍主题,告诉班级学生,他们今天能够对某个问题进行一次特殊的访谈,例如"种族偏见"。事实上,"种族偏见"与以往很隐晦的做法有了很大的不同,它已经同意对选定的记者群体开新闻发布会。凭借偶然的机会,这个班级被设计为记者群体。各个地方的种族偏见受害者都渴望知道"种族偏见"说什么,因此,"记者"需要谨慎地提出问题,倾听"种族偏见"的言论。

谨慎地说,现在不是要访谈一个有偏见的人,而是和种族偏见本身谈话。班上每个人都有一个扮演的角色,但是这个角色不涉及任何表演能力,大多数学生在自己的座位上就能演好他们的角色。向学生指出他们都有机会询问很多关于种族主义的问题;向他们解释这个练习的目标是探究这个问题,以及学校里像他们一样的人之间的关系。这不是要让任何人对他们自己的态度感到不舒服,而是强调从问题的角度而不是从人的角度对种族偏见进行理解。

对问题进行角色扮演

需要招募两三个志愿者扮演"种族偏见"的角色,可以邀请班级里外向的同学扮演这个角色。机智且在同伴群体中颇有影响的学生非常适合这个角色。尽管这个练习有一个人扮演问题就可以了,但招募两三个志愿者的理由是,他们能够彼此帮助;另一个理由是他们可以各自聚焦问题的不同方面。例如,在扮演种族偏见时,每个角色可以针对学校里出现的不同种族群体,从不同的视角回答问题。这样,种族偏见如何运作的复杂性和微妙性就可以被戏剧化。种族偏见的影响可以通过讲一个简单的故事具体表现出来;也许是最近在学校发生的一件事,在这个故事里,"种族偏见"为所欲为,造成了特别的伤害。当然,这个情节应该尽可能与学生的生活相关,而不是学生不能理解的成年人表现种族偏见的例子。

那些扮演问题的人需要具体和明确的指导,即他们完全不能像常人那样思考或说话,他们实际上是"种族偏见"本身。他们是问题态度的化身,这种态度有时闯入人们的思想或行为。应该给扮演者几分钟的时间,让他们为自己变成"种族偏见"做准备,思考他们在接下来的访谈中想要强调的特定方面和一些事情。如果需要,辅导老师可以询问一些关于角色的问题来帮助他们进入角色。可以要求每个志愿者从他或她关于种族偏见对人们生活影响的经验中考虑一个情景,以此激发他们表现出微妙的不同角色。这些情节可以预先准备好,写到一张卡片上让他们读,但它们最好来自学生自己的生活。

扮演新闻记者

现在邀请班上其余的同学扮演新闻记者,将他们聚集到"种族偏见"授权的新闻发布会上。老师可以给他们分配电视网络、地方电视台、无线电台、杂志(例如《新闻周刊》)或者报纸的名字。这些同学的任务是想出一些提问"种族偏见"的问题。他们可以花几分钟准备这些问题。向他们解释,他们提问的目的是,促使每个人从"种族偏见"的角度来了解人们的问题。提醒他们,"种族偏见"授权这样的新闻发布会是少见的,他们应该充分利用这个机会。他们的任务是写一篇新闻稿揭发"种族偏见"的诡计,这样读者和观众就能对其保持警惕。示例的问题见表 10-1。

表 10-1 访谈问题样例

阶段1:探究问题的提问

你的人生目标是什么?

你来这所学校的目的是什么?

你对青少年未来生活的希望和梦想是什么?

你最满意的是什么?

你想听到青少年说或做什么?

你用了什么技巧得到青少年的支持?

你怎么知道何时最有效?

你用了什么说服技巧或方法达到你的目的?

与谁最容易一起共事?

你和哪些其他问题是朋友?

什么使你的工作更容易?

你最喜欢介入别人生活的方式有哪些?

当青少年不太愿意听的时候,你向他们许诺了什么?

续表

你特别想在学校创造的影响有哪些？

如果学生达到你的希望，你承诺给予他们什么？

为了说服一个人，你试图使他或她信服什么？

你对女孩和男孩有不同的策略吗？你对不同种族的人有不同的策略吗？

阶段2：引出相反故事的提问

什么使你的工作更艰难？

你把什么视为失败？

你最大的失败是什么？

你最担心青少年会做什么？

你最失望的是什么？

学生什么行为最让你恼火或紧张？

你最不喜欢什么社会运动？为什么？

你试图引导人们远离什么想法？

学生能做什么使你放弃到别处寻求人们的支持？

学生回答什么会破坏你的努力？

有没有一些方式使人们不受你的影响？

你认为谁或什么是你最危险的敌人？

你特别不喜欢听到学生说什么？

访　　谈

我们已经给出所有的解释，现在是实施访谈的时候了。如果记者的角色适应得有点慢的话，辅导老师可以首先提问两三个问题。这样可以示范提问的方式，展示这些问题是如何针对种族偏见，而不是针对人。

这些提问分两个阶段，反映了双重倾听的实践。第一个阶段，提问应该是探究问题；详细说明它发生作用的策略；然后描述它的影响，尤其是它对学生的影响。第二个阶段，提问应该针对相反故事——哪些方式使"问题"不能达到目标或者变得偃旗息鼓。通过询问"种族偏见"担心什么，就可以了解失败的迹象。这些失败不应该归因于机会或失误，而应该归因于学生利用了"问题"力量的弱点，或者说他们积极抵制了它的影响。辅导老师可以引导扮演记者的学生把自己当成新闻工作者，鼓励他们问一些使"种族偏见"感到不安的敏锐问题。通过询问"种族偏见"一些尖锐的问题，可以获得相反故事的元素，例如，要求它承认自身的失败和弱点、承认它的窘迫、承认它不愿意看到人们做一些事来抵消它的影响。学生通常能明白探究性的问题，但是需要更多一点帮助来掌握第二阶段的问题。辅导老师可以做一些提问的示范来构建框架，也可以征求"记者"的意见，例如，询问什么问题是"种族偏见"不愿意看到的。表10-1中的问题不需要一个接一个依次询问，它们只是问题样例，可以请学生用自己的语言来表述。

辅导老师有必要警觉一些引起困惑的问题。例如，要求扮演者回答一些无法真正回答的问题，因为这种问题只有作为一个人时才能谈论。如果问题的扮演者无意中作为受到种族偏见影响的人，而不是"种族偏见"本身开始发言，这样也会引起困惑。如果上述任何一种情况发生，辅导老师需要立即介入并纠正谈话中的角色和功能，可以对"种族偏见"说一些类似的话："实际上，这个问题只有人才能回答。你只需要说，我不知道。"辅导老师可以通过对问题或答案的改述来帮助构建外化语言。

访谈的长度可以有所不同，这取决于可利用的时间、学生的创造力和课堂注意力的持续时间。一般可以控制在10到25分钟。记者应该仔细记录"种族偏见"所说的话，并特别注意捕捉关于这个问题的语言，这种语言将包含关于种族偏见话语和它的相反故事的细微差别。明智的做法是仔细倾听,这样就能在随后的讨论中准确运用话语中能引起共鸣的措辞。

第二阶段的访谈结束后,所有学生都需要变回自己。至少,那些扮演问题的学生需要从之前扮演的角色中脱离。为了帮助他们恰当地去角色,辅导老师可以让他们站起来,离开座位,当他们移动的时候,"种族偏见"就留在了之前角色的座位上。他们离开座位后,要求他们大声对全班说出,他们和之前扮演角色的三个不同之处。那些扮演新闻记者的同学不需要去角色化,因为我们希望这些学生继续调查"种族偏见"是如何起作用的,并辨别它的失败和烦恼。

访谈之后

一旦学生熟悉了这项任务后,他们通常会从中获得乐趣。访谈的目标是严肃的,但方法是轻松和具有反讽意味的。因此,它允许表达严肃的话题,而不会在谈话中产生不舒服的沉重感。责备的语言预先就被阻止了,没有人会处于羞愧的境地。与此同时,主流话语的重要影响得到了演示。因此,主流话语将来在人们背后暗箱操作,就有点难度了。

然而,这项练习的价值不仅在于访谈的演示,它作为一种学习工具的效果可以通过加工和扩展的方式得到增强。从这层意义上来说,角色扮演可以作为进一步讨论问题的前奏。表10-2包括了一些讨论话题的样例。

表 10-2　访谈后的讨论话题

1. 你认为"种族偏见"有多诚实?
2. 有一些你想要提问又不知道如何表达的问题吗?
3. "种族偏见"揭示的最重要的事情是什么?
4. 你认为"种族偏见"遗漏了什么,掩盖了什么,没有承认什么?
5. 你认为在我们学校和社区,"种族偏见"的问题有多大?
6. 你可以分享一些"种族偏见"在我们学校发生影响的故事吗?(小心确保一直用外化语言讨论这些故事。)
7. 在处理这个问题上,你最欣赏的榜样是谁?
8. 我们可以进一步阅读什么文献来理解"种族偏见"是如何发生作用的?
9. 关于如何应对"种族偏见"问题,马丁·路德·金或者纳尔逊·曼德拉这样的领导人会提出什么建议?
10. 如何研究我们学校存在的"种族偏见"问题?

戏剧化访谈材料

可以利用戏剧的形式进一步发展从访谈问题中产生的材料。一个高中学校咨询师(Winslade & Monk, 2007)与学校戏剧老师合作,就学校里发生的"种族羞辱"问题,制作了一场戏剧表演。一个戏剧班对一些典型事例进行角色扮演,说明了这个问题和它对人们的影响,灵感都来自对这个问题的访谈。这是一部诙谐而又深刻的戏剧,其中反对种族主义影响的观点完全来源于学校本土知识。这个戏剧班学生在学校大会上进行了演出,学校咨询师随后走访了各个班级,并与学生讨论了进一步反对种族主义故事的对策。

接受或抵制

我们想在本章中再增加一个灵活的课程形式,利用社会戏剧理论的方法解决冲突问题。它是专门用来处理遭遇压制行为的课程构建,可以应用于各种问题。这个练习尤其要求学生思考他们面对压制行为的情节,并考虑他们会如何反应,也就是说,他们是以某种方式接受或是抵制它。这项练习的假设是,在现实世界中需要关于做出反应的战略决策。它还有一个假设:深思熟虑的反应可能会比被动反应更有帮助。这一方法改编自奥古斯都·波瓦(Augusto Boal,1992)的一个练习。

发展剧本

第一步是发展剧本,作为随后表演的基础。有各种方法可以完成这一步骤。辅导老师可以提供一些简要的故事,或者从课堂上引出这些故事。前面概述的"访谈问题"练习是实现后者的理想方法。前一种方法要求一些额外的步骤,以确保提供的情节与学生的生活经验相关。另一个可选择的方法是运用关于压制行为的电影片段(例如,《撞车》或《珍爱》),然后在班上进行一次对话,讨论他们在电影里看到的和真实世界之间的关系。这样做的目的是发展本土的剧本,而不是电影中的场景。同时,需要注意的是,这个剧本是通用的,并且这个班级对话不会把任何人当作替罪羊,不管这个学生在场或不在场。这个对话练习在下列条件下效果最好:在剧本中发展一些细节和角色,这样我们就能知道一些背景,并且根据背景故事建立事件的时间轴。以下是一些形成剧本的问题设计。

你能说说这个故事中的压制行为是什么吗?(记住对行为命名而不是把人命名为压制者)

这种事情发生在你身边吗？告诉我你的经历过的一些故事。在这个练习中，我们可以选择一个什么样的故事来扮演？

是什么引发了这个故事中的主要事件？故事背景是什么？

谁是压制行为的受害者？他是个什么样的人？他的兴趣和生活处境是怎样的？他在生活中看重什么？给他起一个名字。

受害者身上发生的事对谁比较重要？谁关心她？她的观点是什么？给她起一个名字。

哪些声音支持压制？代表这些声音的角色有哪些？给他们一些名字。

受害者的支持者或压制行为的支持者对受害者有什么建议？

一旦包含压制行为的情节形成后，就可以构成剧本。然后，邀请班级成员扮演每个角色。向班级成员解释，剧本将被表演三次，每次的重点是对压制行为的反应。每次表演都会有不同的反应。每一次表演后是全班讨论，请全班同学思考这种反应的结果。

表 演 一

在第一次角色扮演中，指导主角做出接受（而不是抵抗）压制行为的选择。情景的表演时间恰好够每个人对主角的选择做出反应。随后针对主角的选择进行讨论。应该承认，这是一个可能有时也是现实的选择，人们有时会出于某种理由做出这样的选择。练习的目的不是将接受压制行为归为病态，而是培养班级成员的同情心，让他们理解压制行为如何迫使人们常常接受本来不想接受的事物。下面是表演之后引导大家讨论的一些问题。

1. 每个人是如何对主角接受压制做出反应的？它对每个在场的人有什么影响（包括对主角的影响）？

2. （对整个班级）为什么主角会选择做出这个反应？哪些声音会支持这

个选择？哪些会反对？

3. 这个选择表达了什么价值观？你可能会在哪些方面欣赏或不欣赏这个选择？

4. 这个选择可能有哪些后果和风险？

表 演 二

在第二次角色扮演中，这个情景再次被表演。不过，这次主角选择以某种方式抵制压制行为，具体方式由主角决定。如果主角无法想出抵制的形式，班上其余学生可以头脑风暴，想出一系列点子，邀请主角决定选择哪一种。场景再次表演的时间恰好够每个人对主角的选择做出反应。然后，整个班级再次就接受和抵制压制行为有什么不同进行讨论。下面列出了一些类似问题来引导讨论。

1. 每个人是如何对主角抵制压制做出反应的？它对每个在场的人有什么影响（包括对主角的影响）？

2. （对整个班级）为什么主角会选择做出这个反应？哪些声音会支持他的选择？哪些会反对？

3. 这个选择表达了什么价值观？你可能会在哪些方面欣赏或不欣赏这个选择？

4. 这个选择可能的后果和风险是什么？

表 演 三

在第三次角色扮演中，同样的场景第三次上演。但是，这次主角选择以不同的方式来抵制压制，主角被要求思考先前表演中发生的事，尝试任何微妙或者不那么微妙的反应变化。为了有所变化，可以邀请另一个观众来扮演主角，辅导老师可以问:"对于如何抵制这样的压制行为,谁有不同的想法?"然后,邀请一个人进入现场演示他或她的想法。

第三次表演的目标是考虑一种最有效的抵制形式,或者与班级成员的价值观一致的形式。隐含的信息是(也可以明确指示):我们应对压制行为方式总是有很多选择。它表达了生活总是有多重故事的叙事理念,同时也表达了后结构主义的思想,即对任何压制行为总是有一个可能的反应。然而,正如米歇尔·福柯所指出的,有时抵制的表达可能是"混乱的"(2000, p. 155),而不是深思熟虑的,因此产生变化的效果不明显。这个练习邀请人们思考,如何用更能表达人们价值观的方式来应对压制行为。可以用与第二次演出一样的问题清单来引导讨论。根据可利用的时间,第三次表演可以重复进行第四次、第五次或者第六次,或者根据需要进行很多次。

在最后的汇报中,所有的表演都讨论好了,辅导老师应该询问班级成员,他们从整个练习中收获了什么。应该感谢每个角色扮演者,并谨慎地让他们去角色化,特别应该注意那些扮演主角的人。那些询问遭受压制行为的人感觉如何?对他们来说,从好几种压制行为应对形式中做出选择又感觉如何?最后,应该邀请每一位班级成员思考他们曾在什么场合扮演过压制行为的角色。

小　　结

在本章中,我们描述了两种课程形式,它们适用于各种情境和问题。然而,还有一系列其他课程能用于解决学校中的冲突问题。辅导老师常常需要创造性地设计课程,以解决具有本土特征的问题。

我们在本章还试图详细说明指导此类课程操作过程的一些原则。原则之一是倾向于采用零责备和非病理化的方法。这种方法有好几个优点:首先,它把问题定位到它们所属的地方——伤害性话语的重复,而不是把问题等同于个人的核心特征。其次,这种方法能产生有成效的对话,避免陷于指责和防御的困境。再次,这种方法允许相反故事的叙述与压制的主流话语并存。这些课程是乐观主义基调的,运用幽默和反讽轻松地对抗了压制。因此,他们有可能与微妙的本土问题发生联系。最后,在每一个课程中,优先考虑的知识是参与者的本土知识,而不是成人的常规知识或学术知识。这些课程展示了对青少年的极大信任,他们在讨论中能够产生"最好的自我"。我们不是轻易假设青少年总是表现出最好的自我,但是为了让他们的"最好自我"变得强大,必须给予他们表达的机会。

问 题 思 考

1. 在你们学校的话语中,你能识别出哪些压制行为模式?
2. 这些压制行为如何在学校的本土话语表达中体现出来?
3. 学校咨询师如何在工作中倾听这些话语?
4. 你希望学生们从接受或抵制的选择中学到什么?

问 题 研 究

1. 通过对教师和学生谈话的话语分析,揭示了哪些关于压制的本土表达?

2. 如何评估学生在"访谈问题"练习中学到的知识?

3. 运用这样的辅导课程会对学校的氛围产生什么影响?

4. 深入研究辅导课程所产生的意义,对这个辅导过程的运作会产生什么影响?

第十一章
"直面暴力"团体

本章内容

◎ 团体咨询对改变暴力行为的价值
○ 为什么不叫愤怒管理
◎ 性别与直面暴力
○ "直面暴力"团体咨询的原则
◎ "直面暴力"团体计划
○ 小结

团体咨询对改变暴力行为的价值

团体咨询是一种比较经济的方式,可以同时为很多青少年提供服务。它能有效利用咨询时间,还使青少年能够相互学习,而不仅是依靠直接的个人经验。我们都知道,青少年尤其容易受到同伴的影响,团体咨询正是利用了年轻人能够相互影响的关系。因此,在学校里,运用团体来减少暴力是很有意义的。

我们在团体咨询中也认识到,暴力和虐待等问题行为通常是习惯性和模式化的。它们有时不仅是个人之间冲突的结果,而且受到一些观念假设的影响,这些假设久而久之会内化,形成一个态度、信念和反复表现的联结体。团体有助于改变这些"表现"模式,这样一来,学校社区的暴力事件就能减少。

我们在上一段最后一句话中用了"**表现**"这个词,相对于更常见的词"**行**

为"来说,这是一个审慎的选择。这样强调了年轻人攻击性的表现特性,让我们看到更多的关系因素。它指出了一种可能性,即表演者的行动拥有它想施加影响的观众,它建议我们询问想要的关系结果,而不是事前的原因。

相反,通常使用的"行为"一词假设个体是他或她自己世界的中心。在这种情况下,我们更可能询问关于个人内在动机的问题,而不是他想对其他人产生的影响。两者的不同是,后者偏向关系心理学,而前者属于本质说。从个人主义的视角来看,行为不只是针对其他人,更多来自本质。它们不只是有意向性的,更多是一种条件反应。

对关系心理学的偏好,引导我们关注人类表现中的权力关系。通常情况下(尽管我们不敢说总是),人们使用暴力是为了对别人施加影响,而不是为了表达内心的某些东西。米歇尔·福柯(Foucault,1982)给了权力一个令人信服的定义,他将权力描述为"施加于别人行为之上的行为"(p. 220)。并不是"施加于别人行为之上的行为"都是有问题或暴力的。有些权力关系的运用是相当正常和司空见惯的。但是,当这些行为超越道德边界,进入胁迫和压制的境地后,问题就来了。

团体咨询试图在学生的暴力经历中制造一种不同,它首先应该基于这样的假设——学生表现出来的暴力行为实际上是一种权力行为。这样的行为会产生一种关系的后果,最后会迫使他或她为所造成的伤害负责。为年轻人提供学习这种经验教训的机会,是本书中描述的许多方法的目标。

团体咨询帮助年轻人面对暴力,努力阻止他们想当然地认为暴力是自然和合理的。放慢这些假设的过程,让它们接受公开审查,能促使学生用他们以前从来没有用过的方式来思考暴力。一旦他们开始进行这种反思,以后就不容易用同样的习惯方式做出反应了。在新创造的空间中,新习惯和新故事都会开始形成。当然,从理论上说这些事情很容易,而实践的过程要求会更复杂。

为什么不叫愤怒管理

你可能已注意到,我们没有把本章称为"愤怒管理"。以此命名的团体咨询现在变得很普遍,在某种程度上,我们有时用这个名称进行团体活动是基于它的辨识度,但这不是我们优先考虑的名称。问题在于"愤怒管理"的概念假设了暴力行动的起源。在这一假设的背后是"蒸汽机"这个19世纪古老的心理学隐喻,它把愤怒比喻为在压力舱里,只要把盖子盖好,控制得当,它就不会溢出以致失控。

根据这个假设,攻击是内部情绪的释放,暴力首先被解释为压力舱内部的情绪释放,其次涉及了压抑机制的使用。情绪越是被抑制,就会越快速、越不可控制地发泄出来。这个愤怒管理的液压理论,认为情绪表达来自个体内部,它引导愤怒管理团体传授有效的情绪释放方法,而不是让愤怒逐步累积,直到它不可控制地爆发出来。

当然,19世纪的蒸汽机比喻现在有了一些更新,它在很多地方被20世纪计算机系统的比喻代替。在这个系统中,愤怒反应被"编程"进入人们的反应系统中,要消除愤怒,它需要被"再编程",愤怒模块需要被一个有不同反应方式的新软件所取代。

然而,暴力和攻击行为总是和控制愤怒情绪有关的假设让人半信半疑。它没有考虑到攻击是冷静预谋的情况,很多人发生暴力行为时一点也没有感到自身的愤怒。的确,上述的方法主要强调暴力行为者的内在心理,仿佛他或她没有生活在社会情境中。

我们这里要提出一种反暴力团体工作的方法,它建立在更为关系化的假设之上,即相对于情绪释放来说,暴力更多是关于对别人施加权力和控制的欲望。即使不是一种有意识形成的欲望,它的影响也会被充分利用。例如,某人养成了发脾气的习惯,这个人发现这样会对别人产生影响,这意味着他或她会比没有发脾气时得到更多的回应。然而,这当中有时候并没有涉及愤怒,或者说愤怒最好被认为是暴力的副产品,而不是它的来源。基于这一假设的团体并不寻求对暴力的责备或羞辱,而是探索团体成员对非暴力生活方式的意愿,并发展出与之一致的身份故事和关系表现。

性别与直面暴力

在我们的经验里,直面暴力的团体最好是针对不同性别来进行。在一些情况下,并非不可能产生混合性别的团体,但在很多情境下,性别话语的影响使创造适当反思环境的任务很难实现。

首先,男性暴力远比女性暴力普遍。可以肯定的是,现在年轻女性使用暴力的情况比过去更加普遍。但是,作为身份发展的一个方面,煽动暴力更加有说服力地指向年轻男性。你只要想想动作片和电子游戏中的男性英雄,就会明白这一点。

男性和女性的暴力特征即使有重合之处,但还是存在典型的差异。女性暴力并不总是涉及武力,我们在第一章已经讨论过。通常,女孩子对其他女孩进行关系攻击,会产生非常令人痛苦的影响,但是男孩之间没有这么微妙。

在校园暴力中,也需要考虑男性对女性施加暴力的文化背景。男生和女生正是在学校和家庭里学到了这种反应模式,它又在后来发生的家庭暴力中表现出来。尽管关于家庭暴力的发生率有很多争议,但普遍接受的是,男性对女性施暴的比率很大程度上要高于女性对男性的施暴率(Mirlees-Black & Byron, 1996; Tjaden & Thoennes, 2000)。虽然女性也会有暴力行为,不应该为这样的行为辩解,但绝大多数家庭暴力是男性对女性实施的,女性比男性更容易受到惊吓,更可能受到严重伤害并寻求医疗救助(Mirlees-Black & Byron, 1996)。而且,这一事实即使没有直接说,学校的男孩和女孩私下里都知道,这就是主流话语的权力作用。

挑战男性家庭暴力最权威的理由之一是,家庭暴力需要被理解为"权力和控制"欲望的表达,而不是内部愤怒的发泄。这是许多女权主义者分析家庭暴力所采取的假设,也通过德鲁斯项目(Duluth program)在社会工作圈广为接受(Pence & Paymar,1993)。很多成功的干预计划都建立在这些基本假设之上。然而,权力和控制模式不能成功解释所有形式的暴力,尤其是不能解释自我防卫的暴力,也不能像解释男性暴力那样来解释女性暴力。这里的理由是,恐吓和控制的暴力不是发生在社会真空里,它需要得到一种使男性权威和女性服从成为规范的公众话语的支持。尽管女权主义的努力动摇了这种话语,但它在很多男性和女性的观念中仍然具有时效性。

在学生当中,这种话语还没有得到充分的表达。然而,它处于萌芽状态,在性别混合的咨询团体中,它会表现为男生在谈话中占主导地位。尤其是男生多于女生时,这会迫使女生服从。它可能在玩笑中微妙地表达出来,设计成好像是顽皮的求爱行为。在这种情况下,很难就这件事本身去批评,但就其效果而言,它会干扰团体建立反思和信任的氛围,从而使咨询工作难以取得成效,而同性团体可以避免这种干扰。

根据我们的经验,对暴力性别因素的有效解构更容易在同性团体中实现。在同性团体中,女孩发现她们更容易说出自己隐隐知道的男性控制行为模式的影响;而男孩在他们不用担心在女孩面前丢面子时,更可能承认自己对这种行为的隐约不安。

"直面暴力"团体咨询的原则

学校里的直面暴力团体工作有五个主要原则。第一个原则是避免对暴力做本质化的解释,本质化解释使暴力看上去是自然发生的事。人们会为侵犯别人而辩解:"这是很正常的。"其他的人会说:"这就是人类的本性。"还有一种改头换面的说法:"身体强壮就是我们文化的一部分。""打架是生活的一部分,尤其是我们家附近。"这也是一种依赖于本质主义的文化观念。团体成员很可能期待团体领导者采取强有力的反暴力立场,他们已经准备好与对方斗智斗勇,这些陈腐的本质化表达他们可以信手拈来。

作为团体领导者,重要的是坦率地表达自己对非暴力解决生活问题的偏好,而不要含蓄地贬低团体成员的生活经历。他们通常没什么错,因为这就是他们所知道的生活。团体工作的秘诀是使这种知识变成**偶然的**,而不是本质的。如果这是一个偶然选择的表达,那么,就意味着还有其他选择。

第二个原则是避免陷入斗争的状况,即团体领导者为远离暴力的生活方式而辩论,试图让团体成员信服。如果这种情况发生,团体成员会抵触,还会让自己更多地为暴力辩护。替代的立场是不要求团体领导者保持中立,或者以煽动性的姿态提倡暴力,而是提出一系列问题,为团体成员提供质疑暴力的机会。在一开始,可以用抽象而不是人格化的方式进行。例如,询问团体成员:"你认为校园欺凌有什么问题?"随后再问一个很有用的问题:"为什么你认为这是一个问题?"

第三个原则是接受团体成员在这个问题上所说的任何内容,并对其保持好奇。当团体成员信奉的理论与他们的实际运用不相称时,避免指出他们的"伪善"(Argyris & Schon, 1974)。如果这么做的话,会阻断对话,限制团体中信任的建立。最好是接受理想观念和实际行为的不一致,尤其是在团体活动的最初阶段。团体成员选择生活方式的机会随后会出现。

第四个原则是避免谈话的结局是替暴力行为辩护。例如，避免询问成员为什么他们发生暴力行为。"为什么"的问题常常导致为暴力辩护和合理化的回答。当团体成员说出这些理由时，他们就强化了这些理由。根据社会建构主义原则，我们所谈论的就是我们将实现的，更多地谈论非暴力偏好会更有意义。

当团体成员仍然强调暴力是多么合理时，团体领导者可以做什么呢？反对这样的说法不可能有用，只会引起抵触和进一步强化这些说法。这时的秘诀是再次把这些理由说成是偶然的可能，而不是本质上的。外化对话的叙事实践在这里非常有用。团体领导者可以争取外化行为本身，或者更好的是外化暴力的辩护理由，然后邀请团体成员参与对话，讨论他们或其他人是如何被这些理由说服的。

第五个要强调的原则基于艾伦·詹金斯（Alan Jenkins，1990）所写的《邀请责任》（*Invitations to Responsibility*）一书。这本突出实践的书概述了一个有效方法，让那些实施家暴的人进行治疗性的对话，从而发生改变。詹金斯明确运用了叙事原则，与那些有暴力行为的人展开对话。他的工作基于这样的假设：即使那些有可怕暴力行为的人，也更愿意与他人保持和平和尊重的关系。然而，他们也从周围的社会话语中内化了一些假设。这些假设限制了他们成为更和平、更有尊严的人。暴力之所以成为可能，是因为想拥有更和平关系的意愿被内化的文化因素限制了。因此，团体咨询的目标是消除限制，让更加和平的故事得到发展。这就需要一种团体氛围，在这种氛围中，成员能够脱离限制和平身份故事的假设，更加紧密地认同他们其实更想成为受人尊敬的人。

我们可以将这些原则概述成如下的一组声明：

表 11-1　团体咨询的原则

- 拒绝接受那些使暴力看上去自然和必然的理由。
- 避免与团体成员直接对抗,相反,邀请团体成员面对问题。
- 接受(最初)言语和行动的不符,邀请团体成员扩展非暴力的言语。
- 避免询问"为什么"的问题,那样会引起对暴力的辩护。
- 对限制承担责任的因素进行确认并外化,邀请团体成员挑战它们。
- 承认并强调任何承担责任的证据。

"直面暴力"团体计划

以上我们介绍了"直面暴力"团体的操作性原则,现在我们将概述该团体的实际操作计划。它包括一系列问题样例,可以用于在团体中发起提问。这些问题不是指令性的,而是可以使用的建议性问题。

团 体 对 象

该团体旨在服务学校或社区里那些有麻烦的人,他们在表达愤怒和暴力上遇到了困难。他们可能已经被勒令停课,或者被法院转介而来,或者他们被老师或咨询师认定在学校有攻击或暴力行为。

总 体 目 标

- 团体成员将有机会反思愤怒或暴力在他们的学校生活中所起的作用,以及由此带来的生活结果。
- 他们将探究各种选择并确立自己的方向,不受愤怒或暴力控制。
- 他们将有机会承诺一种非暴力的生活方式,并发展支持该承诺的技能和策略。

具 体 目 标

团体的成功取决于在开始阶段对目标的明确声明,下面是在团体开始阶段,介绍活动程序之前要强调的一系列要点。

- "这个团体中的成员是由学校咨询师和管理者转介过来的,因为他们很担心暴力问题。"
- "我们认为仅仅惩罚有暴力问题的人是没有帮助的,这个团体的想法是给你一个机会去思考,并说出暴力对你生活的影响。这是一个改变自己的机会。"
- "我们没有兴趣让你成为完美的人,事实上,我们不想要你变成什么,那是你自己的选择。"
- "我们也不会因为过去的任何事情让你觉得糟糕、羞耻或者责备你。我们的目标是把你视为能思考、对自己的人生有发言权,不只是让暴力为所欲为的智者。"
- "这个团体基于一个假设:每个人都能掌控愤怒,采取远离暴力的生活方式,并对这些有明确的偏好。团体旨在帮助你把它作为你自己的目标,但不会强迫你采纳任何特定的观点。"
- "这个团体共持续进行 8 次会议(或者无论多少次),每个星期在这个房间里进行一次,具体日期是:_____。"

基 本 规 则

与任何其他团体一样,应该与团体成员协商和制定团体的基本原则。然而,考虑到该团体的特点,需要注意以下几点。

首先要考虑的是,保密仅限于在对学生或其他人没有伤害的情况下。有时候,你要与被团体成员施暴的受害者核实,以确保该学生不会再次受到威胁。这个核实与其说是违背保密原则,不如说是践行了伦理规则。同样重要的是,该团体本身不能容忍任何暴力。团体领导者应该强调他们在伦理(有时是法律)上有责任报告任何可能发生伤害的情况。

确立转介的理由

转介到这个团体中的成员常常是被强制的,而不是完全出于自愿,但这不一定成为团体成功的阻碍。研究显示,被强制的团体成员仍然可以从团体中获得个人价值(Corey, Corey & Corey, 2010),即使他们一开始表示不愿意参加。尽管这样,明智的做法是承认一些或所有团体成员是被迫出席的,并对每个人的想法都保持好奇。即便一个团体成员承认他或她不想出席,只是因为不得不这样做,那也是一个诚实的声明,值得我们赞赏:

感谢你在这方面的坦率,也谢谢你的到来。尽管这不是你的第一选择,但我仍希望你从团体中收获一些对你来说有价值的东西,既然你必须待在这里。

同时,我们不会完全相信不情愿参加这个团体的说法。一个人参加团体的动机很少是完全积极或消极的。在大多数情况下,人们内心都有很多矛盾的故事在吸引我们的注意。那些自愿参加的人也可能会有怀疑团体的想法,这可能会促使他们退出。那些被勒令来参加团体的人也可能希望从团体中有所收获,他们说不是自愿参加的可以保住一些面子。因此,有益的做法是提出问题,承认这些内在矛盾的故事,而不是强迫他们进入一个或另一个阵营。

例如,团体领导者可以问下列问题:

"你来这里有多大程度是出于自愿?"

"谁告诉你应该来这里?你对此是怎么想的?"

"你有多讨厌被告知要待在这里?你有多愿意待在这里?你能用百分比说明吗,比如50/50?"

"你愿意为了自己从团体中收获一些东西吗?"

肯定团体成员出场的勇气

在团体建立的早期,肯定团体成员正视暴力的勇气是很有用的。这样做有助于在团体和领导过程中建立信任。这种肯定可以是一个简单的陈述,也可以作为要求团体成员回答一些问题的基础。下面是一份关于肯定的声明:

正视愤怒和暴力问题需要很大的勇气。不这样做要容易得多。即使很多人被告知要来,他们仍然没有勇气来。有时,人们深深后悔他们做过的事,感到很羞耻,他们甚至不能对自己承认做过这些事——更不用说对其他人承认了。我们也要承认,陷入愤怒和暴力的人有时也是其他人施暴的对象。因此,参加这样的团体需要双重的勇气。感谢你们能来,我们有一些问题要问你们。很抱歉,为了开展这项团体工作,我们不得不问一些问题。如果我们问得太多,请告诉我们。

这里有一些问题样例,用来感谢他们选择成为团体的一员。艾伦·詹金斯(1990)把这些问题称为对责任"不可抗拒的邀请"。它们是为了利用关于力量和身体勇气的话语而设计的,这些话语常常与实施暴力联系更紧密,而不是与直面暴力联系更紧密。因此,从某种意义上说,它们是解构性的问题,这些问题呼吁将一种话语赋予不同平常的用途。

"我们向你询问关于暴力经历的问题,你能接受吗,还是有些难以承受?"

"谈论这些问题需要更大的力量,还是不谈论它们需要更大的力量?为什么?"

"你认为你今天来这里说明了什么?"

"我们取得的第一个成功是大家都来这里了,这么想是否有点夸张?你是怎么做到顺利出席会议,而不是缺席会议的?"

邀请团体成员论证非暴力的生活方式

团体的下一步工作是让团体成员谈论一般意义上的愤怒和暴力,而不是谈论他们自己的经验。我们设计了一些抽象的问题促进一般性的讨论。这些问题不是把团体领导设立成评判暴力问题的专家,而是提醒团体成员注意暴力和攻击可能造成的问题。

询问这些问题避免了团体领导者为这些事情争论,并说服团体成员支持他。让团体成员去论证非暴力的生活方式会更加有效。如果团体成员模棱两可,就要让问题更鲜明一些。例如,如果团体成员开始为暴力辩解,你可以用这样的问题来应对:

"你认为那两个人在科隆拜恩高中的行为是对的吗?为什么不对?"

下面有一些问题的样例:

"在你看来,让人们做你想要的事,用威胁和暴力或者让他们自己选择,哪个更好?"

"当他人试图让你做他们想要的事时,你更希望哪一种?"

"一些男人认为可以殴打他们的妻子和小孩,你认为这有什么不对?"

"一些人带着刀和枪去学校恐吓其他人,这样做有什么不对?"

"你更希望和学校里的其他人、女朋友或家人保持充满暴力和恐惧的关系,还是充满尊敬和远离暴力的关系?"

"当一段关系中没有暴力和攻击时,你会把它叫作什么?"

"为什么它更好?这种关系的好处是什么?"

"有人说有些人就是该打,你同意这个说法吗?为什么同意或者不同意?"

在讨论过程中,一些人可能针对反暴力做出强烈的理性承诺,并提出他们再也不会做之前让他们陷入麻烦的事。这种情况下,请求他们更激烈地为这个立场辩护。例如,团体领导者可以问以下问题:

"所以,你对这件事感觉很强烈?有多强烈呢?"

"你是怎么做出这个决定的?"

"你保持这个立场有哪些理由?"

"如果你被挑衅,你确信能坚持这个立场吗?"

这些问题并不是想用讽刺的方式或者用任何方式显示人们是虚伪的。只有对回答者所说的一切感到好奇和有兴趣,这些问题才能起到作用。在这次团体会议的最后,要感谢团体成员关于反对暴力的辩论,"因为它们在工作中给了我们很多帮助"。

分享为什么来这里

我们邀请团体成员论证非暴力的生活方式后,现在就要准备面对他们被转介来团体的原因。这些原因与他们赞成非暴力与和平行为的价值观可谓是矛盾的。团体领导者在这里不应该玩"抓住你了"的游戏。叙事的观点是：人们是多重故事的，总是有一些地方，我们的行动和我们的价值观不一致。重要的是将暴力行为定义为对他们所表达的价值观的偏离，而不是他们的身份的一种表达。

因此，下一步谈话最好以圆圈形式进行，要求每个人实事求是地发表言论。下面我们介绍圆圈对话的方式：

我们很赞赏你们刚刚表达的价值观，但是我们都知道，你们来这里是因为，至少有一次，你们非暴力生活方式的愿望没有占优势，你们被卷入到攻击或暴力之中了。如果你们足够强大，能够应对这些的话，现在可以请你们简单介绍一下发生了什么事吗？如果你们觉得还不够强大，不能立刻处理它，你就可以说"过"。

当团体成员讲述他们的故事时，团体领导者只需要接纳每个故事，并感谢他们的诚实。如果他们信奉非暴力，而他们的暴力行为又与之相矛盾，不要纠缠于对虚伪的担忧。然而，你可能需要问一些问题引出这些故事。询问那些"什么""什么时候""哪里"和"怎样"的问题。避免"为什么"的问题，因为这些问题可能会引发对暴力的辩护。下面是一些澄清问题的样例。

"一开始发生了什么事？"

"你怎么看待他或她那样说或那样做？你说了或做了或想做什么？"

"你觉得他或她当时是什么感觉？"

"后来发生了什么？"

"你能描述一下你到底做了什么关于攻击或暴力的事吗？你是怎么做的？多少次？你是怎么打她的？在什么地方打的？"

在这个阶段，可能有些人不愿意说实话。他们可能会将已有的暴力行为最小化("我只是稍微拍了他一下")。面对这些事情需要很大的勇气,我们可以通过给予他进一步的肯定面来应对这种情景。也许可以问一些更深入的问题:

"你准备好谈论这件事了吗?"

"很多人逃避谈论这样的事,你能如实说出这件事吗?"

"你能应付它吗?你有足够的力量做到坦然面对吗?"

"我很尊重你的坦率,这是你第一次这样做吗?"

讨论结束时,应该对团体成员在团体中表达的意图和信念,以及他们的现实经历进行总结和对比,即一方面他们认为暴力和攻击不是好事,相互尊重的关系才是更好的选择;另一方面,在这些经历中,他们的信念被束缚了,或者说被放到了幕后,被攻击或暴力控制了。

人们是如何卷入暴力行为的

下一步是解构一些支持使用暴力的假设和信念,这些信念限制了人们表达更和平的生活意愿。这里的目标是理解人们如何被征召到暴力行为中的,尽管他们想要的是更尊重的关系。"征召"这个词语很重要,因为它显示了文化环境和话语传播的作用,它们使暴力看上去是自然和正常的。它以一种反本质主义的方式解释了暴力是如何在人们的生活中产生的。

团体领导者可以创造性地发挥电视、电影和歌曲中话题的影响,邀请团体成员解读其中的信息。讨论应该从一般性的问题转移到个人的问题。当每一条信息被拆解时,应该询问团体成员这条信息与他们的生活环境和个人经历的关联。以下是一些引导讨论的问题。每一个问题都会引导一连串的对话,而不仅仅是一个单独的问题。

第十一章 "直面暴力"团体

"暴力的存在毫不奇怪。每天、每次我们打开电视或游戏视频时,我们都不断被诱导去用暴力来寻找问题的解决办法。更令人关注的是,是什么阻碍了你们所有人去实现非暴力的意愿?"

"那些支持暴力的想法或观点是什么?"

"那些想法为什么这么强烈?"

"它们对你有多大的影响?它们完全控制了你,还是说影响是有限的?"

"关于男人或女人身份的特殊故事,有时候是如何支持暴力的?"

"哪些关于种族和民族的信息容易使人们陷入暴力?"

"暴力更可能在富人还是在穷人之间发生?为什么?"

"帮派文化为什么常常导致暴力?"

"家庭对支持暴力有多大影响?"

"你是怎样走上暴力这条路的?"

探究暴力的影响

现在我们来探究暴力在人们生活中的影响。如果团体准备好了,就可以直接根据团体成员分享的生活故事来询问暴力的影响。另一方面,团体领导者可能会判断出,团体成员还不能自如地面对自己行为的影响。这时,可以先讲个故事过渡一下,然后讨论暴力在这个故事中的影响。

需要讨论哪些影响呢?我们的目标应该是发现广泛的影响。咨询师通常倾向于强调情绪的影响(感到恐惧、愤怒、羞耻),这些是很重要的资料。然而,检查其他影响并把它们列到清单上也很重要。关系方面的影响是非常重要的,因为强调情绪的影响容易将注意力集中于孤立状态下的个体。暴力严重撕裂了关系的结构,它建立了不平等和不公正的权力关系,破坏了忠诚、友谊、家庭关系和个人承诺。健康方面的影响也不应该被忽视。暴力对身体造成了伤害,即使不需要医疗救助,但在暴力行为发生后,人们经常会出现瘀伤、割伤、失眠,以及各种身体症状(头痛、胃痛、背痛)。暴力还产生了经济方面的代价(例如,医疗费),以及由于担心、困扰、不能工作、放弃其他活动等所花费的时间成本。

就受到暴力事件影响的人数而言,调查暴力影响的范围也很重要。团体成员不应该只注意暴力对自己的影响,也不应该认为表面上的受害者是唯一受到影响的人。见证者和旁观者受到的影响也应该考虑进来,还要重视后来听说这件事的家庭成员受到的影响。列出一份完整的被影响者名单,常常让那些目光狭隘、只注意到自己反应的人大吃一惊。对其他人怀有同理心会减少进一步的暴力,而这种探究有助于人们形成同理心。因此,不应该缩减问题,重要的是要反复问:"还有什么影响?"这样就能显现出更多暴力影响的细节,尤其是在列出了明显的影响之后。

"列出"这个词,显示了在白板上用视觉表达形式来累计暴力影响的价值,这样我们就能通过图表的形式看到它们。可以用第六章中的圆圈格式或者简单的列表格式。当我们用这样的方式研究一次暴力事件的全部影响时,就能亲眼看到这个列表上的影响在不断增加,这样就能有力地激励人们做出改变。

找出发脾气的触发点

由于支持暴力的文化影响,个体常常对某些行为形成一定的反应模式。有时候表现为发脾气,但不总是这样。为了打断这些反应,找到发脾气的触发点是很有用的。可以对某一暴力事件进行追溯,仔细确认发生了什么,在随后的相互交流中发生了什么。这通常意味着放慢故事,以便将过程中的各个步骤分开。这样做之后,反应模式就会出现在眼前,然后进行外化和重新审查。

形成身份描述

下一步讨论的问题是关于人们形成的身份故事。身份不是从个体内部产生的,而是在社会互动中产生的。由于暴力行为,人们被冠上各式各样的"名声",但这可能并不是他们希望被了解的方式。这些名声是可能对一些少数行为的过分概括化。团体领导者应该承认名声的力量和权力关系对身份故事的影响,同时保持这些故事的偶然性和可变性。下面是一些可以在讨论中提出的问题。

"在你的学校经历中,有哪些词被用来描述经常受到攻击和暴力侵害的儿童?"

"这些描述都是对的吗?"

"它们是积极的还是消极的,或者是别的什么?"

"它们是公平的吗?"

"它们有用吗?如果是有用的,它们对哪些人最有用?"

"这些身份故事为你规划了什么样的未来?"

你也可以邀请学生通过画图来标记这些身份描述。可是,要确保他们不会将这些身份标记为个人问题,而是作为外化的名字。

发展相反故事

现在邀请团体成员做出选择,并陈述他们对攻击和暴力故事的相反意愿。希望之前做的工作已经搭建了脚手架,这样就更容易使团体成员选择非暴力与和平的关系。但它仍然只是个选择,团体领导者不能代替成员并试图说服他们。相反,团体领导者应该概括成员已经描述的暴力影响,然后邀请他们对这些影响表明立场。他们愿意这些影响继续发生,还是想要一种不同的关系方式?例如,领导者可以这样说:

"你已经告诉我,暴力对你和其他人的影响。你认为这就是现实,只能接受,还是说你希望事情变得更好?"

还可以像这样问:

"你想要其他人害怕你的暴力吗?还是不希望这样?"

"你能允许这些影响继续发生吗?还是你想有不同的结果?"

"如果你反对暴力及其影响,你对人际关系的个人意愿是什么?"

这些问题是对两个故事版本的简单选择,很容易做出这样或那样的选择,只需要做出一点承诺。当团体成员开始做出这个小的选择时,可以邀请他们跨出更大一步,表达他们想要的非暴力故事。可以询问他们为什么想要发展一个相反故事,或者可以要求他们简单谈谈对非暴力或和平关系的意愿。

一旦迈入新故事,哪怕是一小步,团体领导者就需要重点发展这个故事。本章的其他部分将概述一系列发展相反故事的可能途径。这些方法可以按照任何顺序操作,也可以根据团体成员的说法来组合它们。

探究新行动的实施

一个方法是询问团体成员是否准备好做出改变,采取一些新的行动,或者做一点尝试。如果他们是肯定的答案,就可以带领团体成员充实这些细节:什么时候,什么地方,如何实施这些变化。当团体成员表明改变的意图时,团体领导者的任务就转变为询问可能出现的问题(如果……你将做什么)。这些问题邀请团体成员考虑如何克服预料中的障碍。

确认新行动的历史

团体成员想要发生改变的想法,极有可能出现在他们过去的经历中。因

此,我们很值得去询问这段历史。这可能是一段屈服的经历,但是,它仍然有潜在的重要意义。下面是一些可以询问的问题:

"你有没有注意到,在过去你曾有几次停止攻击和暴力?"

"你曾经有过这样做的打算吗?"

"你是否有过不被卷入暴力的时候?"

"在你尊敬的人当中,有没有人知道怎样避免卷入暴力?他们的秘诀是什么?"

了解危险信号

发展新的故事,常常需要了解导致人们产生潜在暴力反应的一系列想法和行动。暴力从来不会自然爆发,总是有一个导火索,一旦这些模式和序列被识别,就能在失控之前阻止它们。团体成员可以通过随后的团体会议研究这些序列是如何运作的。讨论可以围绕下列问题来进行:

"是什么导致攻击和暴力控制了局面?"

"你愤怒的导火索可能是什么?"

"你怎样知道什么时候可能失去控制?"

"你怎样才能避免在这些时候被攻击和愤怒掌控?"

分享成功的故事和其他知识

仅仅是团体成员在团体中思考和反思这些问题,就可能会使他们的行为发生微小的变化。在每次的团体活动中,应该分配时间让成员们分享成功的故事。然而,在开始阶段,暴力和攻击的优势故事几乎不会让这些成功故事被关注。当问到这些问题时,团体成员大多数会提出异议。我们需要坚持询问,这样,这些小成功就能被激发出来。当一个特殊意义的事件被发现时,就需要多讲一点，这样就能提高它的重要性。细节需要被进一步扩展。下面的问题有助于提高特殊事件的重要性：

"你是如何做到那样的？"

"你是靠什么做到的？有哪些想法或方法？"

"你是怎样做出不同行动的？"

"你怎么知道这个情况不是侥幸？"

"谁最不会对你所做的这件事感到惊讶？"

随着团体的发展，反对暴力的想法可以被记录下来，从而增加庄严感。针对以下问题，可以在海报纸上把团体成员的认识做成图，草拟一份名为"秘密反暴力知识"的团体文件。这份文件将是集体共享的知识，它往往凝聚了集体的智慧，是来之不易的。每个团体成员可以有这样一份知识图。将这些知识与社会领导者、艺术家或运动员等名人的思想联系起来，可以增加它们的可信度。让团体成员意识到他们正在参与比自己本身更重要的事，这样能加强他们改变的想法。下面是关于这种对话的一些问题：

"当你需要抵制愤怒或攻击的影响时，你学会了去思考什么？"

"为了减少愤怒和攻击对你生活的影响，记住什么话是有用的？"

"关于如何相互支持以对抗愤怒和攻击的影响，你学到了什么？"

发展另一种身份故事

当很小的变化浮现时，一个加强它们的方法是，把它们和迄今为止发展不够充分或隐蔽的其他身份故事联系起来。在每个人的人生故事范围中，都可能存在一些安定、和平或尊重的故事。在团体成员分享与非暴力有关的故事时，团体领导者可以就这些身份故事进行提问。下面的问题有利于引出另一种身份故事。

"当你被愤怒或攻击掌控时,你有哪些个人素质被忽略了?"

"你怎样才能避免愤怒或攻击的影响,但又不被认为是软弱的?"

"我们可以给这种身份起个什么名称?"

"当你看到这样的事发生在别人身上时,你怎样维护正义又不让自己卷入愤怒或攻击?"

恢 复

我们在恢复性实践的章节中(第七章)看到的,一个强大的相反故事可以包括承诺纠正之前攻击行为导致的伤害。"让事情回归正常"表明了对改变的承诺。这样做并不是很容易,可能需要很大的勇气,有时会被其他人拒绝。它至少可以用下列问题来加以讨论。

"你伤害了别人后,是怎样让事情回归正常的?"

"你会道歉吗?道歉是足够的吗?"

"你是否足够强大去倾听你的愤怒对他人的影响?"

"你如何证明你想要让事情回归正常?你如何才能长期保持这种状态?"

预防故态重萌

一旦暴力的相反故事发展到团体成员对其产生热情的程度,当最初的新奇感渐渐淡化时,团体领导者可以通过预测暴力行为的复发来帮助他们进一步强化这些相反故事。这样做可以帮助成员为这种可能性做准备,减少发生这种情况时的破坏性。下面有一些提问的样例:

"我们尊重你们在团体中为解决攻击和暴力所做的努力。然而,因为生活不是完美的,你们不能完全控制周围发生的一切,愤怒和暴力可能会卷土重来,试图打败你们,它是如何做到的？你们怎样才可以阻止这样的事发生?"

"你们有谁身上发生过这种事吗?"

"在新奇感降低后,你们怎样才能坚持已经取得的变化?"

庆　祝

庆祝团体取得的成功很重要。可以颁发证书来肯定成绩,也可以举行庆祝仪式活动,每个团体成员可以邀请一个人来参加。我们还可以要求教师公布他们注意到的差异来强调这些变化。或者询问团体成员是否愿意提供咨询,以帮助在未来可能遇到类似困难的年轻人；可以要求他们列出一份清单,为这些年轻人提供建议。

小　结

本章概述了构建"直面暴力"团体的一系列想法,这个团体的基本原理不同于通常的"愤怒管理"方法。它旨在提供一系列的资源,而不是一个可以盲从的配方,事情并不需要总是按这个顺序进行。重要的是这个团体传递的精神。这种精神不应该以专家对学生的修正为基础,而是自始至终寻求并记录他们的认知和意愿。

问题思考

1. 在通常的愤怒管理活动中,关于暴力原因的假设是什么?

2. 对你来说,本章概述的团体原则中最突出的是什么?

3. 团体领导者如何才能尊重团体成员的经验,而不陷入与暴力为伍的境地?

问题研究

1. 学生提出不能改变暴力行为的最常见的理由是什么?

2. 在暴力行为和为暴力辩护方面,存在哪些性别差异?

3. 怎样评估"直面暴力"团体成员对他人所做出的改变?

4. 怎样评估"直面暴力"团体成员的变化对他人的影响?

第十二章
总讨论

本章内容

◎ 主题回顾
○ 选择合适的途径
◎ 这些任务要求哪些训练
○ 谁做决定,谁要咨询
◎ 小结

主 题 回 顾

我们在最后一章要把分布于前面各章中的主题串联起来。为了完成这项工作,我们有必要重述本书所遵循的一些基本原则。我们还要对学校使用的各种冲突管理策略做一些总结。我们要解决的问题是,如何对本书所介绍的各种冲突解决策略进行选择。

我们始终支持这种解决冲突和暴力的方式,即把冲突看成是构成我们世界的各种关系的产物。在某种程度上,冲突是人们之间差异的正常结果;而学习与差异共存是学校的主要任务,它和学习数学或语文一样重要。

我们的重点是阐明与"人不是问题,问题才是问题"这一观念相一致的实践。冲突解决工作的任务是解决冲突问题,而不是指责他人。在保全面子和确认一条前进的道路之间有一个权衡,这条路建立在致力于和平与理解的基础之上。沿着这样的路前行需要做出承诺，不是学校里的每个人都会选择这条路，不管是学生还是教师。这本书里没有包治百病的万应药，也没有人能保证每次都有皆大欢喜的结局。不过，也没有任何一种替代的方法可以做到那样。例如，惩罚通常会适得其反，零容忍的誓言听上去很吸引力，但实际上远远不能达到它的承诺。

我们希望，这些方法能唤起学校环境中美好的一面，帮助人们从冲突故事转移到支线故事中。尽管有人可能会怀疑，尽管有学生很难喜欢或理解，但只要发出邀请，他们都可能会展示出另外的一面。我们也充分相信，冲突普遍存在的环境可以通过始终如一的承诺得到改变，困难的关系氛围可以利用包容、尊敬、解决实际问题的方法来扭转方向，而不是简单地把它们转移到别处。

在这本书中，我们主要关注学校领导者和学校咨询师的作用。我们的设想是，这两个团体需要合作，共同管理学校内部的冲突。学校管理者的角色肯定是侧重系统与过程的规划，给其他人分配具体任务，但有时也会参与解决冲突的实践。在本书中，学校咨询师的角色更多是与具体实践相关，但是他或她也应该和学校领导者一起，参与冲突管理系统的总体设计。我们设想，他们可以有目的地合作，共同创立促进学习发生的关系环境。学校本身需要成为学习型组织，致力于发展新的实践，这些实践可能远远超出我们在此所讨论的内容。

重新讲述关系故事并不是提高学生学习成绩的时髦噱头，而是维持组织发展的一种方式。如果学校主管部门以自上而下的方式指示教师运用恢复性实践，却没有足够的辅导、准备和培训，这个实践就不可能持续下去。当人们对它的效果不抱希望时，很容易退回到惩罚学生的管理方式。

我们所提倡的学校关系方式的全面转变，需要精心的计划和上级领导部门的明确授权。学校领导部门需要致力于我们自始至终所阐述的对话和关系方式。他们应该寻求培训机会，然后召集他们的教学和咨询人员进行现场培训。那样的话，所有教师就能开始思考相关问题，并按照一致的路线来指导他们的课程。如果所有教师始终用这样的方式对待学生,那是当然最好的;但我们也承认会有一些人抵触我们提倡的方法,继续在班上用惩罚的方式激励学生。不过,通过不断看到学生积极的行为方式,注意到学校暴力和欺凌行为的减少,在课堂评估发现大多数学生在学校很开心,我们希望大家能接受学校发展的方向是正确的。当教师变得低落、对学生疏远时,校长或咨询师努力建立关系,示范关系型的工作方式,这样可以对整个学校风气产生深刻的影响。

然而,如果不能保证在全校范围进行恢复性实践或解决关系冲突,个人可以先开始改革,试验这些想法,在组织内慢慢产生影响和变化。

选择合适的途径

为了使我们介绍的方法发挥效应,根据特定的情境选择合适的方法是很有必要的。有时候,可能不仅仅需要一种方法,而是要综合运用好几种方法。例如,在某种情况下,既需要一个反欺凌秘密团队,又要为受欺凌的学生提供咨询;或者发生了班级冲突,可能要求运用圆圈对话,并提供针对性骚扰的辅导课程;或者在运用同伴调解之后,再转介到"直面暴力"团体。选择哪一种方法或综合运用几种方法,有很多可以考虑的要点。有时候,选择什么方法与问题的大小、影响范围有很大关系,只关注冲突故事中的主角可能是不够的。一个问题的反复出现,要求我们创造性地思考,需要系统地做些什么来解决问题。

下面几个段落列出了一些问题,可以用来决定在特定情境中用什么方法是最好的。

冲突发生在两个人之间，还是涉及一群学生？

通常惩罚性的方法，假设可以通过隔离一两个肇事者，把他们视为罪魁祸首，以此来解决问题。然而，冲突是一种关系混乱的现象，它的影响遍及整个社群，追踪影响也许比追究原因更重要。用德勒兹和瓜塔里（Deeuze & Guattari，1987）的隐喻来说，它们常常像根茎，而不是一棵树，你不能仅仅拔出主根就万事大吉了。通常的方法是，解决学生之间的关系网络中所发生的事情，而不是只关注两个学生之间的纠葛。在这种情况下，可以用班级圆圈对话、各种形式的恢复性实践，或者反欺凌秘密团队来解决问题。

另一方面，有时活动的经济性决定了两个人之间关系的处理方式。这时，调解可能就是合适的，可以由同伴调解员、咨询师或心理学家来承担。有时，学校领导者也可以参与调解，帮助解决冲突，尤其是当冲突也涉及教师的时候。然而，如果冲突中的某一方不想参加调解活动时，这时第二方案就是利用冲突辅导。有益的调解也可以是便利的，例如，当两个学生群体因种族歧视在学校操场打架时，就适合运用这种方法。

是否有违纪行为？

如果没有触犯重大的规则，那么调解可能是合适的。如果发生违反纪律的事，就需要做出明确的选择，是使用惩罚，还是通过恢复性实践使学生承担起责任。不应该同时用这两种不同的方法，否则会相互干扰。

恢复性实践也应该强调修复伤害，而不是以暗中施加惩罚的方式进行。如果管理者带着成见主持会议，预先决定违纪者需要做什么的话，恢复性实践就不会奏效。

恢复性实践确实需要一定的善意和参与度。活动设计要求最大化这些因素，但是不能保证会达到理想状态。如果没法达到，学校可能需要采取另一种方法,例如施加惩罚。

为了学校的恢复性实践行之有效,需要学校领导和那些被委派实施恢复性会议或对话的人建立有效的合作关系。

冲突发生在一个班级里?还是跨越不同的班级或年级?

如果冲突涉及一群学生,在他们的中间建立一个团体很重要。如果是在一个班级上,应该调查冲突是否发生在不同小组之间?如果冲突发生在同一个班级的人际关系中,那么我们就可以运用圆圈对话。

另一方面,如果冲突跨越不同年龄的群体或班级,那么,就要求团体调解或者设计辅导课程来处理他们的人际关系模式。

是一个人被一群人欺负?还是群体成员相互对立?

冲突的形成是不同愿望和价值系统相互作用的结果。通常一个人的观点和另一个人的观点一样好,这就是米歇尔·福柯(2000)所指的普遍的权力关系。在这样的情况下,调解可以产生很好的效果。但是,人际支配是另一种情况,它是普遍的权力关系僵化为一种单向流动的模式。这种情况经常发生在这样的家庭里,丈夫或男性成员用家庭暴力和其他方式建立绝对的权力控制。

在学校里,人际支配是通过系统性的欺凌行为而形成的。由此带来的挑战是不仅要识别欺凌,而且要瓦解欺凌关系模式,包括旁观者对欺凌的被动支持。因此,我们提供了反欺凌秘密团队(第九章)的方法,它被证明是一种有效的欺凌处理方法。我们还可以通过第十章介绍的"问题访谈"的辅导课程来了解欺凌。

在同一个班级内发生欺凌,也即学生与被欺凌者有密切联系的情况下,反欺凌团队的工作是最成功的。当欺凌跨越年龄或发生在教室外的情况下,例如,当学生在自助餐厅排队等食物时,或者当他们在图书馆或者在游乐场时,恢复性对话可能更合适。

另一个要考虑的因素是班级关系的组成。在一些班级中,人际关系可能被几个以恃强凌弱闻名的学生所控制。我们曾担心在这种班级中为某个学生实施反欺凌秘密团队的可行性,但是最终还是开始行动了。我们很惊喜地发现,即使是最恶劣的欺凌者也愿意尝试树立反欺凌的名声。反欺凌秘密团队给了他们一个机会,让他们向团队中没有欺凌行为的学生展示,他们也能以和平和支持的方式行动。

冲突严重到什么程度?

有些冲突会导致严重的攻击或者很危险的关系侵害。它们的影响如此之大,波及了很多人,不仅仅是那些直接参与的人。对于这种攻击的受害者来说,这些影响也深深地损害了他们的自我意识。通常情况下,学校不能容忍这种有主观意愿去攻击的人继续留在校园里。但是,我们也不应该总是基于攻击的本性而建立假设。我们在决定最佳行动方案时,要重点考虑这两个因素:攻击发生时的情境和攻击者承担责任、纠正错误的意愿。所采取的行动需要和攻击行为的严重程度相匹配,并且保证有一定的变化幅度,这样才能使我们的努力不会白费。

恢复性会议(第六章)需要安排很多工作,因此,除非有充分的理由,否则不建议使用。完整的恢复性会议一定要精心计划,需要花费大量的准备时间。一些管理程序可以通过邀请与会者的标准信函来缩减,但没有什么可以替代一份个人邀请。在选择合适地点、茶点供应和做好会议记录方面,必须要仔细考虑。由于完整的恢复性会议有一定的规模,所以它最有可能影响到大部分人。如果涉及多个家庭,有极端的暴力行为,或者问题发生在班级之外,会议将会产生最大的影响，尤其是长期的影响。

在不太严重的情况下，恢复性对话或反欺凌秘密团队就足够了，或者圆圈会议也是合适的。如果这些方法都没有成功，就要加大方案的力度。

不管冲突有多严重，都要关注受害者的需求。咨询师和心理学家在这方面要发挥特殊的作用，他们应该主动去会见暴力受害者，仔细倾听已经发生的影响。倾听的目的应该是将受害者与他自己的智慧和能动作用联系起来，正如第三章所说的那样，而不是确认病理或引发任何形式的再次创伤。如果创伤经历的影响要求学校咨询师或心理学家以外的咨询帮助，就有必要进行转介。

一个人长期陷于问题行为模式吗？

我们在本书中一直强调这个观点，即人不是问题。但是，有时候问题长期困扰一个人，这可能会加剧冲突。一些人养成了打架的习惯，或者进入固定的欺凌关系，或者不断被负面情绪所牵制。

在这些情况下，人际关系的干预，例如调解、恢复性对话或者反欺凌秘密团队，就不足以解决问题。这时可以再次提起心理咨询，它可以安排在让事情回归正常的恢复性对话中，或者作为调解协议的一部分。咨询可以是个体的，也可以是团体的，如让他们参加"直面暴力"团体。

发生需要处理的伤害了吗？

冲突常常会引起这样的情况，即人们说一些事阻碍了他们做出更好的判断，而事后他们又对此后悔。双重倾听有助于我们听到一些美好的愿望，而这些会隐含在后悔和更好的判断中。但是，我们也需要承认，冲突行为会产生影响，而这些影响会对其他人以及相互关系产生损害。在冲突中，最先飞出窗外的是信任，而当扇窗打开时，恐惧和焦虑就会悄悄潜入。冲突造成的伤害并非都是可逆的，但通常大部分是可逆的。关系的治愈需要时间，人们不能急于去处理。通常人们会展现出惊人的良好意愿，即使是面对很大程度的关系损害。

恢复性实践的目的是，在伤害已经发生的情况下，把重点放在回归正常上。即使其他方法，例如冲突辅导、团体辅导和辅导课程，可以帮助创造承担责任的道德环境，但是没有什么可以替代勇敢面对对方（包括受害者和攻击者）所产生的效果。反欺凌秘密团队也为欺凌者创造了修复关系的机会，同时保留了他们的面子。

有很多人与同样的问题做斗争吗？

如果超过四个学生反复发生暴力行为，"直面暴力"团体就能最经济地发挥专业时间的作用。如果确认一些学生是志趣相投的，也可以运用团体形式的冲突辅导。同样，使用圆圈对话或团体辅导课程，要比给一群有同样问题的学生提供个体咨询更有意义。

用什么方法会在最短时间内产生最大的效应？

选用哪一种方法在很大程度上是很实际的，而不是以理论或原则为导向。为了有所收益，冲突的解决必须包含强烈的实用主义要素。因此，方法的选择受到最大效益化的驱动。扩大选择的范围会使决策获得更大的成功，学校在实践时也可以对我们介绍的方法进行扩展。但是，有时方案的选择可能会太急功近利，不能充分解决发生的问题。综合运用两个或更多的策略可以增加任何单一方法的有效性。例如，某种情况可能要求同时运用冲突辅导和恢复性对话；或者圆圈对话和辅导课程；或者恢复性会议，然后个体咨询；或者团体咨询和调解。

这些任务要求哪些训练

为了使学校接受本书中的想法,领导者一定要来自那些有重要影响的人。理想的情况是,校长支持那些热衷于对人际关系实施恢复性方法的教职工,并且全力支持这些变革的过程。一些学校甚至把恢复性原则作为所有学校关系的中心。在一所学校,校长经常提醒教师要实学校所采用的恢复性原则,并鼓励他们每天都使用恢复性对话。这所学校持续地对教师进行培训,即使是最抵触的教师,也渐渐意识到非惩罚性学习环境的有益之处。

如果没有足够的咨询、准备和训练,即使学校教师在上级部门的指示下运用恢复性实践,这些实践从长远来看也不可能持续发展。当教师对这些实践感到失望时,就很容易重新采用惩罚的方式管理学生。

另一方面,变化必须先从某些地方开始。正如我们上述的建议,可能的做法是,教师、咨询师和管理者开始就这些想法进行实验。学生会从中获益,这也将对组织产生影响。例如,咨询师可以开始使用反欺凌秘密团队,不用大张旗鼓;教师可以在班级出现麻烦的时候使用圆圈对话和恢复对话;学生经过训练同伴调解和同伴指导,可以塑造他们想要的良好关系模式。

谁做决定,谁要咨询

冲突解决或咨询的转介来源有很多。学生可以带他们担心的朋友来咨询,教师也可以向学生介绍本书中的任何方法。父母可以打电话到学校,关心他们孩子在学校里的人际关系。有一些案例是校长发起纪律处分,然后要求用其他干预方法来修复关系。

教师可以经过培训后使用恢复性对话,它不仅可以用来应对冲突情境,而且可以成为与学生相处的惯常方式。这样的教师会把班级人际关系视为学习的重要组成部分,而且会注意学生与她以及学生之间的对话方式。她会示范本书中概述的各种信念,并能意识到在班级里言语模式的表现力。她拒绝用以偏概全的方式把学生贴上某一类标签;在谈及冲突和麻烦时,犹如它们是学生本身以外的东西。这样就为学生提供了一种方式,让他们带着尊重和真正的希望来解决"成长中的痛苦"。她会接受青少年犯错,专注于使事情"回归正常"。她会从一开始就设立明确的行为标准,但在关系出现困难时,她会在正义和仁慈之间取得平衡。

小　　结

每个人都能使用这本书里的观点,以一种尊重和不贬低的方式与学生对话,或者谈论学生。每个人都可以拒绝接受恐惧同性恋和种族主义的言论,以尊重的态度谈论个体差异。例如,可以以这样的方式来组织家长会,即不用轻蔑的态度来谈论学生,并鼓励学生和他们的父母一起参加会议。

有人可能会反对,认为教授冲突解决方法不是学校的任务,学校应该重点教授阅读和数学,否则就是在进行"社会工程实验"。这代表了一种狭隘的、偏重技术的学校教育观点,与崇高的教育理想关系甚微。一些父母甚至一些教师也认为,学生就不应该被教"如何行为",而是应该在家里学习这些,期望他们已经学会尊敬教师和其他学生。根据发展理论的视角,这样的观点是幼稚和不可靠的,它没有认识到学校是一个复杂的社会。

然而,强化考试制度,将学校的重点集中在狭窄的学业成绩上,其影响之一是,培养公民参与民主的教育愿景很容易丢失。民主的一个要求是,享有决策权的公民必须学会与其他人合作,克服差异带来的分歧。以尊敬他人的态度处理这些差异,对教育来说是至关重要的。但这并不意味着我们应该设立冲突解决的考试,而是应该把它当作学生通过生活来学习的隐性课程的一部分。一些人的本职工作就是思考学校的未来发展,以及它要培养怎样的关系,他们应该关注这种隐性课程所营造的学校风气。如果他们营造了这样一种风气,即强者总是赢,或者叫得最响的人压倒缄默者(既有教师也有学生),那么,他们就会在无形中创立一个这种价值观主宰的世界。但是他们应该清楚,这不是一条通往民主的道路。

同样重要的是,学校不能被概念化为一个对"行为"进行"管理"的工厂。把人当作物化的商品,认为他们没有主宰自己生活的能动性,这样的想法是不尊重人的表现。因此,我们在全书中讨论的内容不应该被视为"行为管理"的补充方法,应该比"行为管理"更重要,更少物化。本书的内容是基于这样的假设,即创造一种让人学会尊重的环境是至关重要的。它是关于倾听教师和学生的声音,聆听他们对关系的关注。我们认为这样做才是教育的核心所在。如果这些方法得到实施,学校就可以为学生的学习提供最好的舞台。

问 题 思 考

1. 你可以从本书中吸取的最重要的思想是什么?
2. 在你的环境中实施这些想法,最好的起点是什么?
3. 谁是你实施这些想法的同盟?

4. 在你们学校,哪些现有的实践与这些想法很契合?

问 题 研 究

1. 如何将现有的评估方法纳入这些想法的实施中?
2. 目前有哪些数据表明学校需要引入这些想法?
3. 怎样才能从最直接的参与者那里收集这些方法具体效果的资料?
4. 在你们学校,最能反映冲突解决综合方案效果的指标有哪些?
5. 你如何收集一系列故事,作为实践这些想法的令人信服的例证?
6. 如何衡量学校整体风气的差异?

参 考 文 献

American Psychological Association Zero Tolerance Task Force. (2008). Are zero tolerance policies effective in the schools? An evidentiary review and recommendations. *American Psychologist*, 63(9), 852–862.

Argyris, C., & Schön, D. (1974). *Theory in practice: Increasing professional effectiveness*. San Francisco: Jossey-Bass.

Baruch Bush, R. A., & Folger, J. (1994). *The promise of mediation: Responding to conflict through empowerment and recognition*. San Francisco: Jossey-Bass.

Bateson, G. (1972). *Steps to an ecology of mind: Collected essays in anthropology, psychiatry, evolution, and epistemology*. Chicago: University of Chicago Press.

Besley, A. C. (2002). Counseling youth: Foucault, power, and the ethics of *subjectivity*. Westport, CT: Praeger.

Boal, A. (2002). *Games for actors and non-actors* (2nd ed.; A. Jackson, Trans.). London: Routledge.

Bourdieu, P., & Passeron, J.-C. (1977). *Reproduction in education, society and culture* (R. Nice, Trans.). London: Sage.

Braithwaite, J. (1989). *Crime, shame, and reintegration*. New York: Cambridge University Press.

Brinkert, R. (2006). Conflict coaching: Advancing the conflict resolution field by developing an individual disputant process. *Conflict Resolution Quarterly*, 23(4), 517-528.

Cobb, S. (1994). A narrative perspective on mediation. In J. P. Folger & T. S. Jones (Eds.), *New directions in mediation: Communication research and perspectives* (pp. 48-66). Thousand Oaks, CA: Sage.

Corey, M., Corey, G., & Corey, C. (2010). *Groups: Process and practice* (8ty ed.). Pacific Grove, CA: Brooks/Cole.

Crick, N. R. (1995). Relational aggression: The role of intent attributions, feelings of distress, and provocation type. *Development and Psychopathology*, 7, 313-322.

Crick, N. R. (1995). Relational aggression: The role of intent attributions, feelings of distress, and provocation type. *Development and Psychopathology*, 7, 313-322.

Cronin-Lampe, K., & Cronin-Lampe, R. (2010). Developing a restorative school culture: The blending of a personal and professional "pilgrimage." *Explorations: An E-Journal of Narrative Practice*, 1, 14-33.

Dandurand, Y., & Griffiths, C. T. (2006). *Handbook on restorative justice programmes*. Vienna, Austria: United Nations Office on Drugs and Crime. Available at http://www.unodc.org/pdf/criminal_justice/06-56290_Ebook.pdf

Deleuze, G. (1988). *Foucault* (S. Hand, Trans.). Minneapolis: University of Minnesota Press.

Deleuze, G., & Guattari, F. (1987). *A thousand plateaus: Capitalism and schizophrenia* (B. Massumi, Trans). Minneapolis: University of Minnesota Press.

Deleuze, G., & Parnet, C. (2002). *Dialogues II* (H. Tomlinson & B. Habberjam, Trans.). New York: Columbia University Press.

Denborough, D. (2006). A framework for receiving and documenting testimonies of trauma. In D. Denborough (Ed.), *Trauma: Narrative responses to traumatic experience* (pp. 115-132), Adelaide, Australia: Dulwich Centre Publications.

Derrida, J. (1976). *Of grammatology* (G. C. Spivak, Trans.). Baltimore: Johns Hopkins University Press.

Drewery, W. (2004). Conferencing in schools: Punishment, restorative justice, and the productive importance of the process of conversation. *Journal of Community Applied Social Psychology*, 14, 332-344.

Epston, D. (2008). *Down under and up over*. Warrington, UK: AFT Publishing.

Fisher, R., & Ury, W. (1981). *Getting to yes: Negotiating agreement without giving in*. London: Penguin.

Foucault, M. (1982). Afterword: The subject and power. In H. Dreyfus & P. Rabinow (Eds.), *Michel Foucault: Beyond structuralism and hermeneutics* (pp. 199-226). Brighton, UK: Harvester Press.

Foucault, M. (2000). *Power: Essential works of Foucault*, 1954-1984 (Vol. 3; J. Faubion, Ed.; R. Hurley, Trans.). New York: New Press.

Freeman, J., Epston, D., & Lobovits, D. (1997). *Playful approaches to serious problems: Narrative therapy with children and their families.* New York: Norton.

Freire, P. (1970). *Pedagogy of the oppressed.* New York: Continuum.

Gergen, K. J. (1992). *The saturated self: Dilemmas of identity in contemporary life.* New York: Basic Books.

Gergen, K. J. (1994). *Realities and relationships: Soundings in social construction.* Cambridge, MA: Harvard University Press.

Gibbs, J., & Ushijima, T. (2008). *Engaging all by creating high school learning communities.* Windsor, CA: Centersource Systems.

Gillard, J. (2010, April 10). *Address to the National Centre Against Bullying Conference*, Melbourne, Australia. Available at http://www.ncab.org.au/ConferenceInfo/

Goldstein, S. E., Young, A., & Boyd, C. (2008). Relational aggression at school: Associations with school safety and social climate. *Journal of Youth and Adolescence*, 37, 641–654.

Holder, E. (2009, October 7). *Attorney General Eric Holder speaks at news conference on youth and school violence*, City Hall, Chicago. U.S. Justice Department. Available at http://justice.gov/ag/speeches/2009/ag-speech-091007.html

Hubbard, B. (2004). *The "no-blame" bullying response approach: A restorative practice contender?* Doctoral thesis, Massey University, Auckland, New Zealand.

Jenkins, A. (1990). *Invitations to responsibility: The therapeutic engagement of men who are violent and abusive.* Adelaide, Australia: Dulwich Centre Publications.

Jones, T., & Brinkert, R. (2008). *Conflict coaching: Conflict management strategies and skills for the individual.* Thousand Oaks, CA: Sage.

Kracke, K., & Hahn, H. (2008). The nature and extent of childhood exposure to violence: What we know, why we don't know moere, and why if matters. *Journal of Emotional Abuse*, 8(1/2), 29–49.

Kruk, E. (Ed.). (1997). *Mediation and conflict resolution in social work and the human services.* Chicago: Nelson-Hall.

Lindemann Nelson, H. (2001). *Damaged identities, narrative repair.* London: Cornell University Press.

McKenzie, W. (2010). Ideas and questions for critical incident work. *Explorations: An E-Journal of Narrative Practice*, 1, 34–42.

McLaren, P. (2005). Critical pedagogy and the social contruction of knowledge. In E. R. Brown & K. J. Saltman (Eds.), *The critical middle school reader* (pp. 409–418). New York: Routledge.

Mirrlees-Black, C., & Byron, C. (1999). *Domestic violence: Findings from the MCS Self-Completion Questionnaire.* London: Home Office Research, Development and Statistics Directorate. Available at http://webarchive.nationalarchives.gov.uk/20110220105210/http://rds.homeoffice.gov.uk/rds/pdfs/r86.pdf

Moore, C. (1996). *The mediation process: Practical strategies for resolving conflict.* San Francisco: Jossey-Bass.

Mosley, J., & Tew, M. (1999). *Quality circle time in the secondary school: A handbook of good practice.* London: David Fulton.

Myerhoff, B. (1982). Life history among the elderly: Performance, visibility, and remembering. In J. Ruby (Ed.), *A crack in the mirror: Reflexive perspectives in anthropology* (pp. 99–117). Philadelphia: University of Pennsylvania Press.

Noddings, N. (2002). *Educating moral people: A caring alternative to charac-*

ter education. New York: Teachers College Press.

Olweus, D. (1993). *Bullying at school: What we know and what we can do.* Oxford, UK: Blackwell.

Pence, E., & Paymar, M. (1993). *Education groups for men who batter: The Duluth model.* New York: Springer.

Prinstein, M. J., Boerger, J., & Vernberg, E. M. (2001). Overt and relational aggression in adolescents: Social-psychological adjustment of aggressors and victims. *Journal of Clinical Child Psychology*, 30(4), 479–491.

Restorative Practices Development Team. (2004). *Restorative practices in schools: A resource.* Hamilton, New Zealand: School of Education, University of Waikato.

Robinson, G., & Maines, B. (1997). *Crying for help: The no-blame approach to bullying.* Bristol, UK: Lame Duck Publishing.

Roth, S., & Epston, D. (1996). Consulting the problem about the problematic relationship: An exercise for experiencing a relationship with an externalized problem. In M. Hoyt (Ed.), *Constructive therapies* (Vol. 2, pp. 148–162). New York: Guilford.

Solwikowski, J. (2009). *National Survey of Children's Exposure to Violence.* Washington, DC: U.S. Department of Justice. Available at http://ojjdp.ncjrs.org/Publications/

Solomon, B. (2006). Traditional and right-informed talk about violence: High school educators' discursive production of school violence. *Youth and Society*, 37(3), 251–286.

Stuart, B. (1997). Sentencing circles: Making "real differences." In J. MacFarlane (Ed.), *Rethinking disputes: The mediation alternative* (pp. 201–232).

London: Cavendish.

Tjaden, P., & Thoennes, N. (2000). *Full report of the Prevalence, Incidence, and Consequences of Violence Against Women Series*. Washington DC: National Institute of Justice and the Centers for Disease Control and Prevention. Available at http://www.ncjrs.gov/txtfiles1/nij/183781.txt

Underwood, M. K. (2003). *Social aggression among girls*. New York: Guilford Press.

U.S. Department of Education, Institute of Education Sciences. (2007). *School Survey on Crime and Safety*. Available at http://nces.ed.gov/surveys/ssocs/tables/scs_2007_tab_14.asp

Vygotsky, L. (1978). *Mind in society: The development of higher psychological processes*. Cambridge, MA: Harvard University Press.

Vygotsky, L. (1986). *Thought and language*. Cambridge: MIT Press.

White, M. (1989, Summer). The externalizing of the problem and the re-authoring of lives and relationships. *Dulwich Centre Newsletter* [Special edition], 3-21.

White, M. (2006). Working with people who are suffering the effects of multiple trauma: A narrative perspective. In D. Denborough (Ed.), *Trauma: Narrative responses to traumatic experience* (pp. 25-86). Adelaide, Australia: Dulwich Centre Publications.

White, M. (2007). *Maps of narrative practice*. New York: Norton.

White, M., & Epston, D. (1990). *Narrative means to therapeutic ends*. New York: Norton.

Williams, M. (2010). Undercover teams: Redefining reputations and transforming bullying relationships in the school community. *Explorations: An E-Journal* of *Narrative Practice*, 1, 4-13.

Williams, M., & Winslade, J. (2008). Using "undercover teams" to re-story bullying relationships. *Journal of Systemic Therapies*, 27(1), 1-15.

Williams, M., & Winslade, J. (2010). Co-authoring new relationships in schools through narrative mediation. *New Zealand Journal of Counselling*, 30(2), 62-72. http://www.nzac.org.nz/nzjc.html.

Winslade, J. (2005). Utilising discursive positioning in counseling. *British Journal for Guidance and Counselling*, 33(3), 351-364.

Winslade, J. (2009). Tracing lines of flight: Implications of the work of Gilles Deleuze for narrative practice. *Family Process*, 48(3), 332-346.

Winslade, J., & Monk, G. (2000). *Narrative mediation: A new approach to dispute resolution.* San Francisco: Jossey-Bass.

Winslade, J., & Monk, G. (2007).*Narrative counseling in schools: Powerful and brief.* Thousand Oaks, CA: Corwin.

Winslade, J., & Monk, G. (2008). *Practicing narrative mediation: Loosening the grip of conflict.* San Francisco: Jossey-Bass.

Winslade, J., Monk, G., & Cotter, A. (1998). A narrative approach to the practice of mediation. *Negotiation Journal*, 14(1), 21-42.

Zehr, H. (1990). *Changing lenses.* Scottdale, PA: Herald Press.

Zehr, H. (2002). *The little book of restorative justice.* Intercourse, PA: Goodbooks.